JLPT 일본어능력시험

중상급 일본어
어휘 · 문형
500선

이동욱 · 노은미 **지음**

제이앤씨
Publishing Company

머리말

　JLPT 일본어능력시험 N1・N2 단계에서는 폭넓은 어휘력과 문형 이해가 요구됩니다. 그러나 어휘나 문형의 뜻만 단편적으로 외우는 것으로는 다양한 문제 유형에 효과적으로 대응하기 어렵습니다. 문 단위에서 표현의 뉘앙스와 쓰임을 자연스럽게 익히는 것이 무엇보다 중요합니다.

　이 책『JLPT 일본어능력시험 중상급 일본어 어휘・문형 500선』은 JLPT의 문자・어휘, 문법・독해, 청해 전 영역에서 공통으로 필요한 핵심 어휘와 문형 500개를 엄선하여 수록하였습니다. 이 책은 어휘나 문형 하나하나를 따로 암기하는 것이 아니라, 예문 전체를 통해 어휘와 문형을 유기적으로 익히는 것을 학습의 핵심 방향으로 삼고 있습니다.

　책에 수록된 500개의 표제어도 중요합니다. 그러나 각 예문 속에는 표제어 외의 다양한 어휘와 문형이 유기적으로 함께 담겨 있습니다. 표제어 중심으로 학습하는 것도 좋지만, 예문을 중심으로 문 단위로 반복해서 읽고 익히는 방식이 훨씬 더 효과적인 학습법입니다. 어휘, 문형 단위가 아닌 문 단위 학습을 통해 머릿속에 통째로 입력하고 기억해 둔다면, JLPT 시험 대비는 물론 실제 일본어 구사력 향상에도 큰 도움이 될 것입니다.

　이러한 '통째로 익히는 문 단위 학습' 취지에 따라, 이 책은 예문 선정에 각별한 노력을 기울였습니다. JLPT 시험 대비와 일본어 회화 능력 향상을 동시에 도모하기 위해 회화문, 문어문, 비즈니스 문, 인사말 등 다양한 문체의 예문을 포함하되, 실생활에서 자주 접할 수 있는, 자연스럽고 실제적인 회화 예문을 중심으로 구성하였습니다.

　또 복잡하고 장황한 긴 예문보다는, 하나의 문을 통해 어휘와 문형의 특성이 명확하게 드러나는 간결한 예문을 우선 선정하여 수록하였습니다. 문 구조가 복잡하고 어휘가 많이 동원되는 장문은 학습자가 문 단위로 머릿속에 입력하고 기억해서 다시 입으로 재생하는 데 많은 어려움이 있습니다. 문을 입력, 기억, 재생하고 더 나아가 그것을 활용하기 위해서는 문 구조가 간결한 단문을 활용하는 학습이 가장 좋습니다.

일부 예문에는 실제 언어생활에서 활용도가 높아, 언제든 JLPT 시험에 등장할 수 있는 생생한 일상 표현도 포함하였습니다. 이러한 표현들은 실용적인 언어 감각을 기르는 데 도움이 되며, 실전 회화뿐 아니라 JLPT 청해·독해 영역의 대비에도 효과적입니다.

이러한 학습 목표 달성을 위해, 각 페이지는 다음과 같은 항목으로 구성되어 있습니다.

- **표제어 번호 및 JLPT 수준**: 학습 순서 및 진도 조절을 위한 번호와 수준 표시
- **표제어 및 대응 한국어**: 한자 및 가나로 표기된 표제어와 이에 대응하는 한국어 제시
- **의미 용법**: 표현 상황, 정확한 뜻과 뉘앙스, 주의 사항, 접속법 등에 대한 간결한 설명
- **예문**: 다양한 문체의 예문을 표제어마다 2개씩 수록
- **단어 리스트**: 어휘 복습 및 확장을 돕는 주요 어휘 리스트를 페이지 하단에 배치

하루에 몇 개씩이라도 꾸준히 학습해 나가다 보면, 단순한 시험 대비를 넘어 실제 일본어 실력이 확실히 향상되는 것을 느낄 수 있을 것입니다. 반복적인 문 단위 학습을 통해 어휘와 문형이 자연스럽게 몸에 익숙해져 실제 회화, 독해, 청해 등 모든 상황에서도 자신감을 가질 수 있게 될 것입니다.

『JLPT 일본어능력시험 중상급 일본어 어휘·문형 500선』이 여러분의 일본어 실력 향상에 든든한 동반자가 되길 진심으로 바랍니다. 꾸준히 학습을 이어가는 여러분의 노력에 진심 어린 응원을 보냅니다.

저자: 이동욱·노은미

목차

001	出来事	14	
002	ーてほしい	14	
003	ーに	15	
004	傷付く	15	
005	ーため(に)	16	
006	ーため(に)	16	
007	ほどほどに	17	
008	ぼやく	17	
009	いちゃいちゃする	18	
010	ーてしまう	18	
011	通う	19	
012	ーせい	19	
013	ーのに	20	
014	ーのに	20	
015	盛り上がる	21	
016	ーにわたって	21	
017	ーくなる	22	
018	ーになる	22	
019	ーあげく	23	
020	ー過ぎる	23	
021	ーように	24	
022	ー上(で)	24	
023	気まずい	25	
024	こっそり(と)	25	
025	ーたがる	26	
026	欲しがる	26	
027	うかうか	27	
028	ーうちに	27	
029	伝える	28	
030	渡す	28	
031	まさか	29	
032	ーおきに	29	
033	つまらない	30	
034	ーてもらう	30	
035	うずうず	31	
036	ーがかりで	31	
037	かさかさ	32	
038	ー限りだ	32	
039	ーかけ	33	
040	愛想	33	
041	ケチをつける	34	
042	人手	34	
043	サボる	35	
044	ーてはいけない	35	
045	がぶがぶ	36	
046	もめる	36	
047	気を使う	37	
048	連れる	37	
049	ーかねない	38	
050	ーな	38	
051	付いていく	39	
052	ため口	39	
053	ーがてら	40	
054	引き下がる	40	
055	二度と ーない	41	
056	やけど	41	
057	ーに違いない	42	
058	欠く	42	
059	お ーください	43	
060	ご ーください	43	
061	ーはずがない	44	
062	ーが早いか	44	
063	もちもち	45	
064	張本人	45	

065	ーなんて	46		102	ーのこと	64
066	ーがる	46		103	未だに	65
067	ーているところ	47		104	振る舞い	65
068	ぼんやり	47		105	思わず	66
069	ぞろぞろ	48		106	もぐもぐ	66
070	のんびり	48		107	見知らぬ	67
071	ーはずだ	49		108	ーてみせる	67
072	ーわけだ	49		109	ーずじまい	68
073	たっぷり	50		110	ーどころか	68
074	たとえ ーても	50		111	ーてばかりいる	69
075	ーにかかわらず	51		112	ーそうだ	69
076	ーどころではない	51		113	ーには	70
077	ー通り(に)	52		114	ーに限り	70
078	ーてしょうがない	52		115	ーしかない	71
079	ちびちび	53		116	ーにとって	71
080	さっと	53		117	冷え込む	72
081	かんかん	54		118	ーっぱなし	72
082	ーからといって	54		119	ーことに	73
083	ー恐れがある	55		120	ーことに	73
084	できるだけ	55		121	ー出す	74
085	ーを込めて	56		122	ーかどうか	74
086	ーに限らず	56		123	ひどい	75
087	ーたびに	57		124	誰が何と言おうと	75
088	ーまみれ	57		125	わずか	76
089	ーを兼ねて	58		126	むずむず	76
090	ーにおいて	58		127	ーをよそに	77
091	ーさえ	59		128	ーとは言わないまでも	77
092	濃い	59		129	ひっそり	78
093	ーてからでないと	60		130	ーたつもりで	78
094	ーものなら	60		131	急用	79
095	ーようがない	61		132	所	79
096	ーに限る	61		133	劣る	80
097	ーてたまらない	62		134	いたずら	80
098	ーに過ぎない	62		135	ーもさることながら	81
099	ーきれない	63		136	じっくり	81
100	ーにしろ ーにしろ	63		137	ぶかぶか	82
101	ーの末(に)	64		138	かねてから	82

#	語	頁
139	**憂鬱**	83
140	くすぐったい	83
141	ちょきちょき	84
142	染まる	84
143	見た目	85
144	見る目	85
145	口約束	86
146	ーながら	86
147	ーようだ	87
148	イケメン	87
149	初恋	88
150	ごろごろ	88
151	うざい	89
152	ーにそって	89
153	ーに先立って	90
154	惜しい	90
155	ーがち	91
156	ーっこない	91
157	ー限りでは	92
158	ーほかない	92
159	文句	93
160	口が堅い	93
161	これといった	94
162	ことごとく	94
163	つくづく	95
164	はらはら	95
165	ふらふら	96
166	あたふた	96
167	ー気味	97
168	ーくせに	97
169	ーっけ	98
170	気に入る	98
171	うんざり	99
172	ーなり	99
173	ーにしては	100
174	ーば ーほど	100
175	ーに関わる	101
176	ーまでもない	101
177	ーときたら	102
178	ーならではの	102
179	気にする	103
180	ため息をつく	103
181	飲み込む	104
182	豊か	104
183	うとうと	105
184	しくしく	105
185	ーによって	106
186	ーによって	106
187	ーによって	107
188	ーによって	107
189	ーによると(よれば)	108
190	ーないうちに	108
191	ーやすい	109
192	ーにくい	109
193	ずいぶん	110
194	かゆい	110
195	とっくに	111
195	ーたそばから	111
197	ー極まりない	112
198	ー始末	112
199	ーずくめ	113
200	とにかく	113
201	ろくに	114
202	ー次第	114
203	すいすい	115
204	ーざるを得ない	115
205	ーっぽい	116
206	ーからには	116
207	かけがえのない	117
208	ーにしても	117
209	ーから見れば	118
210	ーないこともない	118
211	ーはどうであれ	119
212	ーじゃあるまいし	119

213	ー(よ)うにも ーない	120	250	言葉遣い	138
214	すべすべ	120	251	ねばねば	139
215	つい	121	252	にこにこ	139
216	ぴったり	121	253	ー上に	140
217	大して	122	254	物騒	140
218	いったい	122	255	愚か	141
219	こんがり	123	256	せいぜい	141
220	そっとしておく	123	257	繰り返す	142
221	うつむく	124	258	ーとしたら	142
222	ーきらいがある	124	259	ぶらぶら	143
223	ーならいざしらず	125	260	こぼれる	143
224	ーばそれまでだ	125	261	ーやら ーやら	144
225	ーに反して	126	262	儲ける	144
226	ーものか	126	263	悔いる	145
227	ーわけにはいかない	127	264	寝苦しい	145
228	ーないわけにはいかない	N	265	知らん顔をする	146
229	しわしわ	128	266	終止符を打つ	146
230	じめじめ	128	267	がっかり	147
231	ついに	129	268	空っぽ	147
232	ーずに	129	269	召し上がる	148
233	気をつける	130	270	ぴかぴか	148
234	相変わらず	130	271	些細	149
235	思い切り	131	272	介護	149
236	ぼうっと	131	273	ーつつある	150
237	ーって	132	274	ビビる	150
238	ーって	132	275	怠ける	151
239	ーって	133	276	ーたまま	151
240	ーって	133	277	軽々	152
241	ーって	134	278	無駄足	152
242	ーって	134	279	ーに決まっている	153
243	親知らず	135	280	ほっつき歩く	153
244	ーや否や	135	281	揃いも揃って	154
245	揉む	136	282	きりきり	154
246	振り回す	136	283	しゃきしゃき	155
247	ぶつぶつ	137	284	ーたて	155
248	せいにする	137	285	済ませる	156
249	パーマをかける	138	286	臭い	156

#	項目	頁	#	項目	頁
287	ついでに	157	324	抜きにして	175
288	ぐずぐず	157	325	ふとしたはずみで	176
289	ーてしかるべきだ	158	326	ー分には	176
290	ーであれ ーであれ	158	327	ずきずき	177
291	けらけら	159	328	ーべきだ	177
292	ーておくれ	159	329	ー放題	178
293	八つ当たり	160	330	ーたまでだ	178
294	さっさと	160	331	ー(よ)うが ー(よ)うが	179
295	ーそうだ	161	332	勘弁	179
296	さっき	161	333	わりと	180
297	うまくいく	162	334	あっという間	180
298	いい加減	162	335	下手(を)したら	181
299	こつこつ	163	336	ただじゃおかない	181
300	おっかない	163	337	なしにする	182
301	今一	164	338	ーた ーた	182
302	長居	164	339	もってのほか	183
303	煮込む	165	340	たかだか	183
304	ーなり ーなり	165	341	ー(よ)うものなら	184
305	ーともあろうものが	166	342	だぶだぶ	184
306	ーならともかく	166	343	ひっくりかえる	185
307	こりこり	167	344	皮切り	185
308	さばさば	167	345	余儀なくされる	186
309	ー並み	168	346	ちゃっかり	186
310	ーにあたって	168	347	きびきび	187
311	ーにかまける	169	348	チクる	187
312	くたばる	169	349	なんだかんだ言っても	188
313	ー(さ)せられる	170	350	拗ねる	188
314	しこしこ	170	351	しらばくれる	189
315	ーごと	171	352	すやすや	189
316	ーはしない	171	353	手を引く	190
317	我に返る	172	354	腕によりをかける	190
318	ーにしてみれば	172	355	きょろきょろ	191
319	しずしず	173	356	山が当たる	191
320	ーにせよ	173	357	近々	192
321	ーに足りる	174	358	いかんにかかわらず	192
322	ーにつき	174	359	納める	193
323	ーにつれて	175	360	いかに	193

361	ーたら最後	194
362	ちりぢり	194
363	ーかたわら	195
364	つやつや	195
365	ーたところで	196
366	傷口	196
367	たりとも	197
368	ーてからというもの	197
369	つるつる	198
370	辛抱	198
371	ビンタを食らう	199
372	皮肉る	199
373	ーてやまない	200
374	ーといったところだ	200
375	なみなみ	201
376	染みる	201
377	もどかしい	202
378	おごる	202
379	ドタキャン	203
380	にやにや	203
381	癒し系	204
382	中途半端	204
383	ぬるぬる	205
384	ーにひきかえ	205
385	ーにもまして	206
386	ーばこそ	206
387	ねじ伏せる	207
388	裏腹	207
389	やりきれない	208
390	ーものを	208
391	薄っぺらい	209
392	ざらつく	209
393	ーをおいて	210
394	やけに	210
395	禁じ得ない	211
396	ーをもって	211
397	骨身	212
398	おめおめ	212
399	びしょびしょ	213
400	ーをものともせずに	213
401	ほっとく	214
402	自棄になる	214
403	ひそひそ	215
404	口うるさい	215
405	ーかたがた	216
406	裸足	216
407	駄目元	217
408	グレる	217
409	ダサい	218
410	ぶっちゃけ	218
411	恥じらう	219
412	凍りつく	219
413	憤り	220
414	やり場のない	220
415	理不尽	221
416	調子に乗る	221
417	ヘトヘト	222
418	キリがない	222
419	ーんがために	223
420	ぷんぷん	223
421	ーすら	224
422	ふにゃふにゃ	224
423	ただ ーのみだ	225
424	ーだに	225
425	ーでなくてなんだろう	226
426	しくじる	226
427	ほかほか	227
428	ーといい ーといい	227
429	恐れ入る	228
430	ーにはあたらない	228
431	ーにかたくない	229
432	ぼろぼろ	229
433	ーに即して	230
434	あるまじき	230

#	語	頁
435	まちまちだ	231
436	ーまでのことだ	231
437	余計	232
438	一つ 一つ	232
439	めろめろ	233
440	ーを限りに	233
441	ーかねる	234
442	ー損ねる	234
443	切っても切れない	235
444	めちゃくちゃ	235
445	ぼったくる	236
446	ボロ	236
447	一言	237
448	ー甲斐もなく	237
449	ーにかこつける	238
450	なんとも	238
451	もやもや	239
452	頭がどうかしている	239
453	ーに ーを重ねて	240
454	ーはともあれ	240
455	根ほり葉ほり	241
456	こぢんまり	241
457	ーに ーた	242
458	抓る	242
459	よりによって	243
460	夏バテ	243
461	なまじ	244
462	ーに越したことはない	244
463	後をつける	245
464	気がする	245
465	静まり返る	246
466	つるむ	246
467	引っ込む	247
468	チャラにする	247
469	脂っこい	248
470	気が気でない	248
471	心なしか	249
472	人見知り	249
473	呼び捨て	250
474	見当がつかない	250
475	ーやがる	251
476	ー同士	251
477	社交辞令	252
478	やり甲斐	252
479	口をきく	253
480	相性がいい	253
481	控えめ	254
482	今更	254
483	縛る	255
484	甘く見る	255
485	生意気	256
486	泣き言	256
487	裏がある	257
488	ムキになる	257
489	茶化す	258
490	ちょっかいを出す	258
491	モテモテ	259
492	ほったらかしにする	259
493	コケにする	260
494	喝上げ	260
495	企む	261
496	しでかす	261
497	モノマネ	262
498	せこい	262
499	空気を読む	263
500	絡む	263

JLPT 일본어능력시험

중상급 일본어
어휘 · 문형
500선

어휘·문형 001 — N3

出来事

사건, 일

의미 용법
사건이나 일을 일컫는 말이다.

예문

① それは予想外の出来事だった。
그것은 예상치 못한 사건이었다.

② 突然の出来事に、どうしていいか分からずあたふたした。
갑자기 일어난 일에 어떻게 해야 좋을지 몰라 허둥지둥했다.

어휘·문형 002 — N4

－てほしい

－해 주었으면 좋겠다

의미 용법
상대에 대한 바램, 희망, 기대, 요구를 나타내는 형식이다. 동작 주체에 격조사 〈に〉가 오는 점에 주의한다.

예문

① もっと勉強してほしい。
좀 더 공부해 주었으면 좋겠다.

② 彼女に料理を作ってほしい。
그녀가 요리해 주었으면 좋겠다.

단어 리스트

出来事(できごと) 사건, 일 | 予想外(よそうがい) 예상 밖 | 突然(とつぜん) 갑자기 | 分(わ)かる 알다 ‖ 勉強(べんきょう) 공부 | 彼女(かのじょ) 그 여자 | 料理(りょうり) 요리 | 作(つく)る 만들다

어휘·문형 003 — ~に (N3)
-하러, -하기 위해

의미 용법

〈食事, 散歩〉 등과 같이 〈する〉를 붙여 '-하다'의 뜻을 나타내는 동작성 명사에 〈に〉가 오면 목적을 나타낸다.

예문

① 食事に行きましょう。
   식사하러 갑시다.

② 天気がいいので外に散歩に出かけます。
   날씨가 좋아서 밖으로 산책하러 나갑니다.

어휘·문형 004 — 傷付く (N1)
흠이 생기다, 상처를 입다

의미 용법

물건의 표면에 흠이나 상처가 생기는 것을 말한다. 사람의 경우에는 피부, 신경 등의 손상을 나타낼 수도 있으나, 일반적으로 감정적 손상을 나타내는 경우가 많다.

예문

① 傷付く場合がありますので、強くこすらないでください。
   흠이 생기는 경우가 있으니 세게 문지르지 마세요.

② 彼女の無神経な言葉のため、彼は傷付いてしまいました。
   그녀의 무신경한 말 때문에 그는 상처를 입고 말았습니다.

단어 리스트

食事 식사 | 散歩 산책 | 行く 가다 | 天気 날씨 | 外 밖 | 出かける 나가다 | 傷つく 상처가 나다, 상처를 입다 | 場合 경우 | 強く 세게 | 彼女 그녀 | 無神経 무신경 | 言葉 말 | 彼 그, 그 사람

어휘·문형 005　−ため(に)
N3　　　　　　　　　　　　　　　　　　　　　　　　−때문에, −이므로

의미 용법

원인, 이유를 나타내는 형식이다. 명사+⟨の⟩ 또는 활용어의 연체형에 접속한다. 동일 접속 형태로 목적을 나타내기도 하므로 문맥에 주의한다.

예문

❶ 大雪のため、休業させていただきます。
　 폭설 때문에 휴업합니다.

❷ 事故があったため、遅刻しました。
　 사고가 있었기 때문에 지각했습니다.

어휘·문형 006　−ため(に)
N3　　　　　　　　　　　　　　　　　　　　　　　　−(을) 위해, −하도록

의미 용법

명사+⟨の⟩ 또는 활용어의 연체형에 접속하여 목적을 나타낸다. 활용어의 시제는 현재형으로 나타나는 특징이 있다. 동일 접속 형태로 원인, 이유를 나타내기도 하므로 문맥에 주의한다.

예문

❶ 健康のため、酒をやめた。
　 건강을 위해 술을 끊었다.

❷ 彼女に会うために、京都に行きます。
　 여자 친구를 만나기 위해 교토에 갑니다.

단어 리스트

大雪 대설, 폭설　休業 휴업　事故 사고　遅刻 지각 ‖ 健康 건강　酒 술　彼女 그 여자, 여자 친구　会う 만나다　京都 교토

어휘・문형 007 **N1** ほどほどに 적당히

의미 용법

도가 지나치지 않은 정도를 나타내는 말이다.

예문

① お酒はほどほどに楽しんでください。
   술은 적당히 즐기세요.

② 夜遊びもほどほどにしろよ。
   밤에 노는 것도 적당히 해라.

어휘・문형 008 **N1** ぼやく 투덜거리다, 불평하다

의미 용법

불평이나 우는소리 하는 것을 나타낸다.

예문

① 野村監督は、ぼやくことで有名だった。
   노무라 감독은 투덜대는 것으로 유명했다.

② ぼやいても仕方がない。
   투덜거려도 소용없다.

단어 리스트

お酒 술 楽しむ 즐기다 夜遊び 밤놀이 ‖ 野村監督 노무라 감독 有名だ 유명하다
仕方ない 소용없다

어휘·문형 009 　　いちゃいちゃする
N2　　　　　　　　　　　　　　　　　　　　　　　애정 표현을 하다

의미 용법

엉겨 붙어 서로 만지작거리며 애정 행각을 벌이는 모습을 나타내는 말이다.

예 문

❶ 露天風呂で臆面もなくいちゃいちゃしている。
　노천탕에서 뻔뻔스럽게 애정 행각을 벌이고 있다.

❷ あのカップルは、人前でもいつもいちゃいちゃしている。
　저 커플은 사람 앞에서도 항상 엉겨 붙어 있다.

어휘·문형 010 　　－てしまう
N4　　　　　　　　　　　　　　　　　　　　　　　－해 버리다, －하고 말다

의미 용법

동작의 완료를 나타내는 형식이다.

예 문

❶ 傘を無くしてしまった。
　우산을 잃어버렸다.

❷ 先生、電車が遅れたので遅刻してしまいました。
　선생님, 전차가 늦어서 지각하고 말았습니다.

단어 리스트

| 露天風呂 노천탕 | 臆面もない 뻔뻔스럽다 | 人前で 다른 사람 앞에서 ‖ 傘 우산 | 無くす 잃다 | 先生 선생님 | 電車 전차 | 遅れる 늦다 | 遅刻 지각 |

어휘·문형 011 **通う** `N4` 다니다

의미 용법

일정 구간을 정기적으로 오고 갈 때 사용하는 말이다.

예문

① 妹は私立高校に通っている。
여동생은 사립고등학교에 다니고 있다.

② 地下鉄は不便なので、バスで通っています。
지하철은 불편해서 버스로 다니고 있습니다.

어휘·문형 012 **-せい** `N1` -탓, -때문

의미 용법

좋지 않은 일에 대한 탓, 원인, 이유를 나타내는 형식이다.

예문

① 人のせいにするな。
남 탓하지 마라.

② 雪のせいで遅刻した。
눈 때문에 지각했다.

단어 리스트

通(かよ)う 다니다   妹(いもうと) 여동생   私立高校(しりつこうこう) 사립고등학교   地下鉄(ちかてつ) 지하철   不便(ふべん)だ 불편하다 ‖ 人(ひと) 남, 다른 사람   雪(ゆき) 눈   遅刻(ちこく) 지각

어휘·문형 013 　　—のに　　—인데(도)
N4

[의미 용법]

예상과 반대의 상황이 펼쳐질 때 사용하는 형식이다.

[예　문]

❶ このケーキ、けっこう高かったのに、思ったよりおいしくなかった。
　이 케이크, 꽤 비쌌는데 생각보다 맛이 없었어.

❷ 横綱なのによく負ける。
　천하장사인데 자주 진다.

어휘·문형 014 　　—のに　　—하는 데
N4

[의미 용법]

사물을 평가할 때 사용하는 형식이다.

[예　문]

❶ この教材は日本語を勉強するのに役に立つ。
　이 교재는 일본어를 공부하는 데 도움이 된다.

❷ この小説は難しい単語が多くて、読むのに一ヶ月掛かりました。
　이 소설은 어려운 단어가 많아 읽는 데 1개월 걸렸습니다.

단어 리스트

高い 비싸다　思ったより 생각보다　横綱 천하장사　負ける 지다 ‖ 教材 교재　日本語 일본어　勉強 공부　役に立つ 도움이 되다　小説 소설　難しい 어렵다　単語 단어　多い 많다　読む 읽다　一ヶ月 1개월　掛かる 걸리다

어휘·문형 015 [N1] 盛り上がる — 흥이 나다, 고조되다

의미 용법

흥이 고조되는 것을 일컫는 말이다.

예문

① 昨日のパーティーはすごく盛り上がった。
어제 파티는 엄청 분위기가 좋았다.

② 山田さんが来なかったため、その場の雰囲気が盛り上がりませんでした。
야마다 씨가 오지 않았기 때문에 그 장소의 분위기가 고조되지 않았습니다.

어휘·문형 016 [N3] -にわたって — -에 걸쳐

의미 용법

행위 또는 상태가 어떤 범위 전체에 걸쳐 있는 모습을 나타내는 형식이다.

예문

① 渋滞が5キロにわたって続いている。
정체가 5킬로에 걸쳐 계속되고 있다.

② 交渉は3時間にわたって行われた。
교섭은 3시간에 걸쳐 진행되었다.

단어 리스트

盛り上がる 흥이 나다, 고조되다 ‖ 昨日 어제 ‖ 山田 야마다 ‖ 来る 오다 ‖ その場 그 장소
雰囲気 분위기 ‖ 渋滞 정체 ‖ 続く 계속되다 ‖ 交渉 교섭 ‖ 時間 시간 ‖ 行われる 행해지다

어휘・문형 017 N5 －くなる　　　　　　－하게 되다

의미 용법

〈い〉형용사에 결합하여 상태의 변화를 나타내는 형식이다.

예문

① 薬を飲んだので、だいぶ良くなりました。
약을 먹어서 많이 좋아졌어요.

② 夏休みになると、教師は忙しくなりますが、学生は暇になります。
여름방학이 되면 교사는 바빠지지만, 학생은 한가해집니다.

어휘・문형 018 N5 －になる　　　　　　－하게 되다

의미 용법

〈な〉형용사에 결합하여 상태의 변화를 나타내는 형식이다.

예문

① 昨日はうるさかったけれど、今日は静かになりました。
어제는 시끄러웠는데 오늘은 조용해졌어요.

② 3年付き合った彼女と結婚して幸せになりました。
3년 사귄 여자 친구와 결혼해서 행복해졌습니다.

단어 리스트

薬 약　　飲む 마시다　　良い 좋다　　夏休み 여름방학　　教師 교사　　忙しい 바쁘다　　学生 학생
暇だ 한가하다 ‖ 昨日 어제　　今日 오늘　　静かだ 조용하다　　年 년　　付き合う 사귀다
彼女 여자 친구　　結婚 결혼　　幸せだ 행복하다

어휘・문형 019 　−あげく
N2　　　　　　　　　　　　　　　　　　　　　−했지만 결국, −한 끝에

의미 용법

여러 가지 해 보았지만 결국 기대에 못 미치는 결과에 이르렀을 때 사용하는 형식이다. 유감스러운 느낌이 담긴다. 동사의 경우, 과거형에 접속한다.

예문

① 頑張って勉強したあげく、志望校に落ちてしまった。
　열심히 공부했지만 결국, 바라던 학교에 떨어져 버렸다.

② さんざん悩んだあげく、彼女と別れることにした。
　한참 고민한 끝에 그녀와 헤어지기로 했다.

어휘・문형 020 　−過ぎる
N4　　　　　　　　　　　　　　　　　　　　　너무 −하다

의미 용법

동사〈ます〉형에 결합하여 그 동작의 정도가 심한 것을 나타내는 형식이다.

예문

① 食べ過ぎておなかが痛い。
　과식해서 배 아프다.

② 飲み過ぎはよくありませんが、少しのお酒は薬になります。
　과음은 좋지 않지만, 약간의 술은 약이 됩니다.

단어 리스트

頑張る 열심히 하다　勉強 공부　志望校 지망 학교　落ちる 떨어지다　悩む 괴로워하다, 고민하다　彼女 그녀　別れる 헤어지다　−過ぎる 너무 −하다　食べ過ぎる 과식하다　痛い 아프다　飲み過ぎ 과음　少し 조금　お酒 술　薬 약

어휘・문형 021 　 －ように 　 N4 　 －하도록

의미 용법

목적을 나타내는 형식이다. 부정의 〈－ない〉와 결합하면 '－하지 않도록'의 의미를 지닌다.

예문

❶ 合格するように頑張ります。
　 합격하도록 열심히 하겠습니다.

❷ 乗車時間に遅れないように注意してください。
　 승차 시간에 늦지 않도록 주의해 주십시오.

어휘・문형 022 　 －上(で) 　 N3 　 －한 후에

의미 용법

동사 〈た〉형 또는 명사 ＋ 〈の〉에 결합하여 어떤 동작을 한 이후의 상황을 나타내는 형식이다.

예문

❶ 他のものとよく比較した上で考えても、遅くはないです。
　 다른 것들과 잘 비교한 후에 생각해도 늦지는 않습니다.

❷ 内容をご確認の上、サインをお願いいたします。
　 내용을 확인하신 후에 사인을 부탁드립니다.

단어 리스트

合格 합격　頑張る 열심히 하다　乗車時間 승차 시간　遅れる 늦다　注意 주의
－上(で) －한 후에　他のもの 다른 것　比較 비교　考える 생각하다　遅い 늦다　内容 내용
確認 확인　お願いする 부탁하다

어휘·문형 023 　気まずい　　　　　　　　　　　　어색하다
N2

의미 용법
어색하고 서먹한 인간관계를 이르는 말이다.

예문

① 前の彼女と偶然会ったとき、気まずい思いをした。
　전 여자 친구와 우연히 만났을 때 어색한 느낌이 들었다.

② 気まずい沈黙がしばらく続いた。
　어색한 침묵이 잠시 이어졌다.

어휘·문형 024 　こっそり(と)　　　　　　　　　　몰래, 살짝
N3

의미 용법
다른 사람이 모르게 조용히 행동하는 모습을 나타낸다.

예문

① 夜遅くこっそりと家を出た。
　밤늦게 몰래 집을 나왔다.

② あの子の名前を調べてよ。で、わかったらこっそり教えて。
　저 아이 이름을 알아봐 줘. 그래서 알아내면 살짝 알려 줘.

단어 리스트

気まずい 어색하다　前 전　彼女 여자 친구　偶然 우연히　会う 만나다　思い 생각, 느낌
沈黙 침묵　続く 이어지다 ‖ 夜 밤　遅い 늦다　家 집　出る 나오다　子 아이　名前 이름
調べる 조사하다　教える 알려 주다

어휘·문형 025 　 －たがる　 　 －을 하고 싶어하다
N5

의미 용법

동사 〈ます〉형에 결합하여 3인칭 희망을 나타내는 형식이다.

예 문

① 子犬が外に出たがっている。
　 강아지가 밖에 나가고 싶어 한다.

② 週末会いたがらない彼氏、どうしたらいいですか？
　 주말에 만나고 싶어 하지 않는 남자 친구, 어떻게 하면 좋을까요?

어휘·문형 026 　 欲しがる 　 원하다, 갖고 싶어 하다
N4

의미 용법

3인칭 희망을 나타내는 동사이다.

예 문

① 山田さんは外車を欲しがっています。
　 야마다 씨는 외제 차를 갖고 싶어 합니다.

② 人の物を欲しがるな。
　 다른 사람 물건을 탐내지 마라.

단어 리스트

| 子犬 강아지 | 外 밖 | 出る 나가다 | 週末 주말 | 会う 만나다 | 彼氏 남자 친구 ‖ 欲しがる 원하다, 갖고 싶어 하다 | 山田 야마다 | 外車 외제 차 | 人 다른 사람 | 物 물건 |

어휘·문형 027 | N2
うかうか
멍청히, 멍하니

의미 용법
깨닫지 못하고 헛되고 멍청하게 있는 모습을 나타낸다.

예문

① もうすぐ締め切りだ。うかうかしちゃだめだ。
이제 곧 마감이다. 멍청히 있으면 안 된다.

② うかうかしていると、せっかくのチャンスを逃してしまうよ。
멍하니 있으면 모처럼의 기회를 놓치게 된다.

어휘·문형 028 | N3
ーうちに
−하는 사이(때)에

의미 용법
어떠한 범위 이내를 지칭하는 형식이다.

예문

① 大阪にいるうちに、USJに行こう。
오사카에 있을 때 USJ에 가자.

② 若いうちにいろいろな経験を積んでおいた方がいい。
젊을 때 여러 가지 경험을 쌓아 두는 것이 좋다.

단어 리스트

締め切り 마감 逃す 놓치다 大阪 오사카 行く 가다 若い 젊다 経験 경험 積む 쌓다 方 쪽, 편

어휘·문형 029 — 伝える — 전하다
N4

의미 용법
말을 통해 어떠한 상황, 상태 등을 전할 때 사용한다.

예문

① 御両親によろしくお伝えください。
부모님께 안부 전해주세요.

② 彼女に私の気持ちを伝えたいのですが、恥ずかしくてなかなかできません。
그녀에게 제 마음을 전하고 싶지만 부끄러워서 좀처럼 할 수 없습니다.

어휘·문형 030 — 渡す — 전하다
N4

의미 용법
행동으로 구체적인 물건을 전할 때 사용한다.

예문

① 彼女に名刺を渡した。
그녀에게 명함을 건넸다.

② この本を山田さんに渡していただけませんか?
이 책을 야마다 씨에게 전해줄 수 없겠습니까?

단어 리스트

伝(つた)える 전하다 | 御両親(ごりょうしん) 부모님 | 彼女(かのじょ) 그녀 | 私(わたし) 나 | 気持(きも)ち 기분, 마음 | 恥(は)ずかしい 부끄럽다 ‖ 渡(わた)す 전하다 | 名刺(めいし) 명함 | 本(ほん) 책 | 山田(やまだ) 야마다

어휘·문형 031 　まさか
N3　　설마

의미 용법
부정이나 반어 표현을 수반하여 '설마, 아무리 그렇다 하더라도'의 뜻을 나타낸다.

예문

① まさか彼が来るとは思わなかった。
설마 그 사람이 오리라고는 생각하지 않았다.

② まさかそんなことがあり得るだろうか。
설마 그런 일이 있을 수 있을까.

어휘·문형 032 　-おきに
N3　　-을 두고, -간격으로

의미 용법
수량사를 동반하여 '-을 두고, -간격으로'의 뜻을 나타내는 형식이다.

예문

① 自動販売機が100メートルおきにあります。
자동판매기가 100미터 간격으로 있습니다.

② オリンピックは3年おきに開催される。
올림픽은 3년 간격으로 개최된다.

단어 리스트

彼 그 사람　来る 오다　思う 생각하다　あり得る 있을 수 있다 ‖ 自動販売機 자동판매기
年 년　開催 개최

어휘·문형 033 — つまらない **N5**
하찮다, 시시하다

의미 용법
중요하지 않거나, 흥미가 없는 상태를 일컫는 말이다.

예문

① つまらないことは気にしない。
   하찮은 일은 신경 쓰지 않는다.

② つまらない会議に誰か代わりに出席してほしい。
   시시한 회의에 누군가 대신 출석해 줬으면 한다.

어휘·문형 034 — －てもらう **N4**
－해 주다

의미 용법
의뢰표현의 한 형식이다. '–해 받다'라는 뜻을 지니지만 한국어에서 그러한 표현은 사용하지 않으므로, 보통 '–해 주다'와 대응시키면 좋다.

예문

① 先生に作文を直してもらいました。
   선생님이 작문을 고쳐 주었습니다.

② 彼女にお弁当を作ってもらった。
   여자 친구가 도시락을 만들어 주었다.

단어 리스트

気にする 신경 쓰다 | 会議(かいぎ) 회의 | 誰(だれ) 누구 | 代(か)わり 대신 | 出席(しゅっせき) 출석 | 先生(せんせい) 선생님
作文(さくぶん) 작문 | 直(なお)す 고치다 | 彼女(かのじょ) 여자 친구 | お弁当(べんとう) 도시락 | 作(つく)る 만들다

어휘·문형 035 　うずうず　　N2　　근질근질

의미 용법

뭔가 하고 싶어서 참기 힘든 모습을 묘사하는 말이다.

예문

① 言いたくてうずうずしていた。
　말하고 싶어서 (입이) 근질거렸다.

② 運動不足で体がうずうずしてきたので、ランニングに出かけた。
　운동 부족으로 몸이 근질근질해져서 달리기하러 나갔다.

어휘·문형 036 　ーがかりで　　N3　　-걸려서, -들여서

의미 용법

시간, 사람 수를 나타내는 말에 연결되어 그 정도의 시간, 인원이 필요함을 뜻한다.

예문

① およそ10年がかりでやっと成功しました。
　약 10년 걸려서 겨우 성공했습니다.

② テレビが大きかったので、4人がかりでやっと運んだ。
　텔레비전이 커서 네 명이 달려들어 겨우 옮겼다.

단어 리스트

| 言う 말하다 | 運動不足 운동 부족 | 体 몸 | 出かける 나가다 | 年 년 | 成功 성공 |
| 大きい 크다 | 人 명 | 運ぶ 옮기다 | | | |

어휘·문형 037 かさかさ
N2 　　　　　　　　　　　　　　　　　　　거칠거칠

의미 용법
말라서 윤기가 없는 모습을 말한다. 사람의 성격이나 태도에 빗대어 사용하기도 한다.

예문

① 唇がかさかさで、リップクリームが必要です。
　 입술이 거칠거칠해서 립크림이 필요합니다.

② 空気が乾燥しているので、肌がかさかさしている。
　 공기가 건조해서 피부가 거칠거칠하다.

어휘·문형 038 −限りだ
N1 　　　　　　　　　　　　　　　　−할 뿐이다, −할 따름이다

의미 용법
더할 나위 없음, 최고의 정도를 나타내는 형식이다.

예문

① うらやましい限りです。
　 부러울 뿐입니다.

② なんだか、今思い出せば、どれもこれも懐かしい限りです。
　 왠지 지금 생각해 보니 모든 게 그리울 뿐입니다.

단어 리스트

| 唇 입술 | 必要だ 필요하다 | 空気 공기 | 乾燥 건조 | 肌 피부 ‖ −限りだ −할 뿐이다 |
| 今 지금 | 思い出す 떠올리다 | 懐かしい 그립다 | | |

어휘·문형 039 　　ーかけ
N3　　　　　　　　　　　　　　　　　　　　　　　　　　　　　　　　　　-하다 맒

의미 용법

진행 도중, 동작이 끝나지 않음을 나타내는 형식이다.

예 문

① テーブルの上に食べかけのパンがある。
　테이블 위에 먹다 만 빵이 있다.

② 食事中に電話がかかってきたので、食べかけで席を立ちました。
　식사 중에 전화가 걸려 와서 먹다 만 채로 자리를 떴습니다.

어휘·문형 040 　　愛想
N1　　　　　　　　　　　　　　　　　　　　　　　　　　　　　　　　　　배려, 호의, 대접

의미 용법

사람에 대한 배려, 호의, 대접 등을 의미한다.

예 문

① あの人は愛想がいい。
　저 사람은 상냥하다.

② なんのお愛想もできず失礼しました。
　아무 대접도 못 해드려 실례했습니다.

단어 리스트

上 위　食べる 먹다　食事中 식사 중　電話 전화　席 자리　立つ 일어서다　愛想 배려, 호의, 대접　人 사람　失礼 실례

어휘·문형 041 ケチをつける
N3 — 흠(트집)을 잡다

의미 용법
결점을 드러내어 상대에게 트집을 잡는 것을 나타내는 관용구이다.

예문

① ケチをつける気はないんだよ。
   흠잡을 생각은 없다.

② せっかくのプレゼントにケチをつけるな。
   모처럼 받은 선물에 트집 잡지 마라.

어휘·문형 042 人手
N3 — 일손

의미 용법
사람의 손, 즉 일손을 의미하는 말이다.

예문

① 人手が足りなくて困っています。
   일손이 부족해서 곤란합니다.

② 人手不足により、アルバイトの時給を引き上げました。
   일손 부족으로 인해 아르바이트 시급을 인상했습니다.

단어 리스트

気(き) 생각, 마음, 느낌, 정신 ∥ 人手(ひとで) 일손   足(た)りない 부족하다   困(こま)る 곤란하다   人手不足(ひとでぶそく) 일손 부족   時給(じきゅう) 시급   引(ひ)き上(あ)げる 인상하다

어휘 · 문형 043 — サボる
N3 농땡이 치다, 게으름을 피우다

의미 용법

프랑스어 'Sabotage'에 어원을 두며, '농땡이 치다, 거르다, 게으름을 피우다' 등의 의미를 나타낸다.

예문

① 学校の授業をサボるな。
학교 수업을 빠지지 마라.

② サボっていないで、早く仕事をしなさい。
게으름피우지 말고 빨리 일해라.

어휘 · 문형 044 — ーてはいけない
N4 -해서는 안 된다

의미 용법

금지 표현의 한 형식이다.

예문

① 公園でお酒を飲んではいけません。
공원에서 술을 마시면 안 됩니다.

② 人のレポートをそのまま写してはいけません。
남의 리포트를 그대로 베끼면 안 됩니다.

단어 리스트

学校 학교 | 授業 수업 | 早く 빨리 | 仕事 일 ‖ 公園 공원 | お酒 술 | 飲む 마시다 | 人 다른 사람, 남 | 写す 베끼다

어휘·문형 045 　がぶがぶ　　N2　　벌컥벌컥

의미 용법

액체를 기운차게 마시는 모습을 나타내는 말이다.

예문

① 彼はビールをがぶがぶ飲んだ。
　그는 맥주를 벌컥벌컥 마셨다.

② ジュースを一気にがぶがぶと飲み干した。
　주스를 단숨에 벌컥벌컥 다 마셨다.

어휘·문형 046 　もめる　　N1　　티격태격하다, 옥신각신하다

의미 용법

분쟁이 일어나 다투는 모습을 나타내는 말이다.

예문

① 明日の会議はもめそうだ。
　내일 회의는 티격태격할 것 같다.

② 離婚話でもめている。
　이혼한다고 옥신각신하고 있다.

단어 리스트

彼 그 사람　　飲む 마시다　　一気に 단숨에, 한 번에　　飲み干す 다 마시다　　明日 내일
会議 회의　　離婚話 이혼 이야기

어휘·문형 047 　気を使う
N2　　배려하다, 마음을 쓰다

의미 용법

신경이나 마음을 쓰는 모습을 나타내는 표현이다. 〈気を遣う〉로 표기하기도 한다.

예문

① 人に気を使うことは大切だ。
　다른 사람을 배려하는 것은 중요하다.

② そんなに気を使わなくてもいいです。
　그렇게 마음을 쓰지 않아도 됩니다.

어휘·문형 048 　連れる
N3　　함께하다

의미 용법

'함께하다, 동반하다'의 뜻을 지닌다.

예문

① 誰でも連れてきていいよ。
　아무나 데리고 와도 좋아.

② うちの犬も散歩に連れていってくれませんか?
　우리 집 개도 산책에 데려가 주지 않겠어요?

단어 리스트

気を使う 배려하다, 마음을 쓰다　人 다른 사람　大切だ 중요하다　｜　連れる 함께하다　誰 누구　犬 개　散歩 산책

어휘·문형 049 　　－かねない　　　　－수도 있다
N2

의미 용법
일어날 가능성이 있음을 나타내는 형식이다. 동사 〈ます〉형에 접속한다.

예 문

① このままの成績だと落第しかねない。
이대로의 성적이라면 낙제할 수도 있다.

② 睡眠不足は事故につながりかねない。
수면 부족은 사고로 이어질 수도 있다.

어휘·문형 050　　　－な　　　　　－하지 마라
N3

의미 용법
동사의 종지형에 결합하여 금지의 뜻을 나타내는 문 말 조사이다.

예 문

① うるさい。騒ぐな。
시끄럽다. 소란 피우지 마라.

② 医者から「甘いものは食べるな」と言われた。
의사가 단것은 먹지 말라고 했다.

단어 리스트

成績 성적　落第 낙제　睡眠不足 수면 부족　事故 사고 ‖ 騒ぐ 소란 피우다　医者 의사
甘い 달다　食べる 먹다　言う 말하다

어휘・문형 051 — 付いていく (N3)

따라가다

의미 용법
'따라가다, 행동을 함께하다'의 뜻을 나타낸다.

예문

① 業務スピードに付いていけない。
업무 스피드를 따라갈 수 없다.

② 知らない人に付いていってはいけません。
모르는 사람을 따라가서는 안 됩니다.

어휘・문형 052 — ため口 (N3)

반말, 막말

의미 용법
반말, 막말을 뜻한다.

예문

① ため口でいいよ。
반말해도 괜찮아.

② 店員に対してため口を使うことは正しくない。
점원에 대해 막말을 사용하는 것은 옳지 않다.

단어 리스트

付いていく 따라가다　業務(ぎょうむ) 업무　知(し)る 알다　人(ひと) 사람 ‖ ため口(ぐち) 반말, 막말　店員(てんいん) 점원　－に対(たい)して －에게　使(つか)う 사용하다　正(ただ)しい 옳다

어휘 · 문형 053 　 −がてら
N1　　　　　　　　　　　　　　　　　　　　　　　　−할 겸해서, −하는 김에

의미 용법

주로 동작성 명사와 결합하여 '−를 겸해서, −를 하는 김에'의 뜻을 담는 형식이다.

예문

1. 花見がてら、犬の散歩に行く。
   꽃구경을 겸해서 강아지 산책하러 간다.

2. 散歩がてら本屋に立ち寄った。
   산책 겸 서점에 들렀다.

어휘 · 문형 054 　 引き下がる
N3　　　　　　　　　　　　　　　　　　　　　　　　　　물러나다, 후퇴하다

의미 용법

뒤도 물러서는 것을 이르는 말이다.

예문

1. おとなしく引き下がればよかったのに。
   얌전히 물러났으면 좋았을 텐데.

2. 引き下がる気はまったくない。
   물러설 마음은 전혀 없다.

단어 리스트

花見 꽃구경　犬 개　散歩 산책　行く 가다　本屋 서점　立ち寄る 들르다
引き下がる 물러나다　気 생각, 마음, 느낌

어휘·문형 055 — N2

二度と –ない

두 번 다시 –않는다

의미 용법

어떤 일이 재차 일어나는 상황을 강하게 부정하고 싶을 때 사용하는 표현이다.

예문

① 二度とあのレストランには行かない。
두 번 다시 그 레스토랑에 가지 않을 거야.

② もう二度とタバコは吸わないつもりです。
이제 두 번 다시 담배는 피우지 않을 생각입니다.

어휘·문형 056 — N3

やけど

화상, 뎀

의미 용법

불이나 뜨거운 액체에 덴 상처를 말한다.

예문

① お茶を手にこぼして軽いやけどをしました。
차를 손에 쏟아서 가벼운 화상을 입었습니다.

② やけどをした時はすぐに冷たい水で冷やした方がいいです。
화상을 입었을 때는 곧 찬 물로 식히는 것이 좋습니다.

단어 리스트

二度と 두 번 다시　行く 가다　吸う 피우다, 들이마시다 ‖ お茶 차　手 손　軽い 가볍다
時 때　冷たい 차다　水 물　冷やす 식히다　方 쪽, 편

어휘·문형 057 　 －に違いない
N3　　　　　　　　　　　　　　　　　　　　　　　　　－임이 틀림없다

의미 용법
화자의 확신을 나타내는 표현이다.

예문

① これは本物に違いない。
이것은 진짜가 틀림없다.

② 彼は今ごろ家でゲームに熱中しているに違いありません。
그는 지금쯤 집에서 게임에 열중하고 있음이 틀림없습니다.

어휘·문형 058 　 欠く
N1　　　　　　　　　　　　　　　　　　　　　　　　　없다, 빼놓다

의미 용법
뭔가를 빠트려서 없는 상태를 나타내는 말이다.

예문

① 礼儀を欠く人は嫌いだ。
예의가 없는 사람은 싫다.

② 彼はわが社にとって欠くことのできない貴重な人材である。
그는 우리 회사에 있어서 빼놓을 수 없는 귀중한 인재이다.

단어 리스트

－に違いない －임에 틀림없다　本物 진짜　彼 그　今ごろ 지금쯤　家 집　熱中 열중
欠く 없다, 빼놓다　礼儀 예의　人 사람　嫌いだ 싫다　彼 그　わが社 우리 회사　貴重だ 귀중하다　人材 인재

어휘·문형 059 　お ー ください　　N3
-해 주세요

의미 용법

〈お〉+ 동사〈ます〉형 +〈ください〉의 형식으로 의뢰표현을 나타낸다.〈ーてください〉보다 경의 정도가 높다.

예문

① 少々お待ちください。
잠시 기다려 주세요.

② 社長によろしくお伝えください。
사장님께 안부 잘 전해주세요.

어휘·문형 060 　ご ー ください　　N3
-해 주세요

의미 용법

〈ご〉+ 동작성 명사 +〈ください〉의 형식으로 의뢰표현을 나타낸다.〈ーてください〉보다 경의 정도가 높다.

예문

① 間違いがないかご確認ください。
틀린 것이 없는지 확인해 주세요.

② フィッシング詐欺にご注意ください。
피싱 사기에 주의해 주세요.

단어 리스트

少々 잠시　待つ 기다리다　社長 사장　伝える 전하다 ‖ 間違い 잘못　確認 확인　詐欺 사기　注意 주의

어휘·문형 061 〔N3〕 －はずがない
－할 리가 없다

의미 용법

화자의 강한 부정을 나타내는 부정 표현 형식이다. 〈－わけがない〉형식으로 대체가 가능하다.

예문

① 彼が謝るはずがない。
그가 사과할 리가 없다.

② 松下さんはお酒が大好きなんだから、お酒をやめるはずがないですよ。
마츠시타 씨는 술을 너무 좋아하기 때문에 술을 끊을 리가 없어요.

어휘·문형 062 〔N1〕 －が早いか
－하자마자

의미 용법

전 건 동작이 일어난 후 바로 후 건 동작이 일어나는 것을 나타내는 형식이다. 과거 사태에 대해서만 사용한다. 문어 표현으로 딱딱한 어감이 있다.

예문

① ベルが鳴るが早いか、教室を飛び出した。
벨이 울리자마자 교실을 뛰쳐나갔다.

② 彼はジョッキをつかむが早いか、一気に飲み干した。
그는 맥주잔을 들자마자 단숨에 다 마셨다.

단어 리스트

彼 그 사람 謝る 사과하다 松下 마츠시타 お酒 술 大好きだ 아주 좋아하다
－が早いか －하자마자 鳴る 울리다 教室 교실 飛び出す 뛰쳐나가다 一気に 단숨에
飲み干す 다 마시다

어휘·문형 063 — もちもち (N2)

졸깃졸깃

의미 용법
음식이 부드럽고 찰진 모양을 가리킨다.

예문

① もちもちした食感の食べ物が人気です。
  졸깃졸깃한 식감을 지닌 음식이 인기입니다.

② このお店のトッポッキは、もちもちしていて美味しい。
  이 가게 떡볶이는 찰져서 맛있다.

어휘·문형 064 — 張本人 (N3)

장본인

의미 용법
어떤 일을 꾀하여 일으킨 사람을 일컫는 말이다.

예문

① 牛乳をこぼした張本人は、猫でした。
  우유를 엎지른 장본인은 고양이였습니다.

② 今度の騒ぎの張本人は彼だ。
  이번 소동의 장본인은 그 사람이다.

단어 리스트

食感 식감　食べ物 음식　人気 인기　お店 가게　美味しい 맛있다　張本人 장본인
牛乳 우유　猫 고양이　今度 이번　騒ぎ 소동　彼 그 사람

어휘·문형 065 　 －なんて 　 N2 　 －라니

의미 용법

어떤 사실을 깨달으면서 놀람, 감탄, 분개 따위의 감정이 담기는 형식이다.

예문

① 彼女が遅刻するなんて信じられない。
그녀가 지각하다니 믿을 수 없다.

② こんなくだらないことをするなんて、時間の無駄だ。
이런 쓸데없는 짓을 하다니 시간 낭비다.

어휘·문형 066 　 －がる 　 N4 　 －해 하다

의미 용법

〈い〉형용사 어간에 결합하여 1그룹 동사로 사용되며, 주로 감정이나 감각을 나타낸다. 1인칭에는 사용할 수 없다.

예문

① 彼はいつも私のまねをしたがる。
그는 항상 내 흉내를 내고 싶어 한다.

② 弟は友達と遊べると思って、嬉しがっています。
남동생은 친구들과 놀 수 있다고 생각해서 기뻐하고 있습니다.

단어 리스트

彼女 그녀　遅刻 지각　信じる 믿다　時間の無駄 시간 낭비 ‖ 彼 그　私 나　弟 남동생
友達 친구들　遊ぶ 놀다　思う 생각하다　嬉しい 기쁘다

어휘·문형 067 N4 −ているところ
−하는 중, −하는 때

의미 용법

동작의 진행을 나타내는 형식이다.

예문

① 彼は今、小説を読んでいるところです。
그는 지금 소설을 읽는 중입니다.

② 木村さんの話をしているところに、木村さんがやって来た。
기무라 씨 이야기를 하고 있을 때, 기무라 씨가 왔다.

어휘·문형 068 N2 ぼんやり
멍하니

의미 용법

불분명하여 뚜렷하지 못한 모습을 말한다.

예문

① 頭がぼんやりして集中できない。
머리가 멍해서 집중할 수가 없다.

② 彼女は最近、ぼんやり窓の外を眺めていることが多いです。
그녀는 요새, 멍하니 창밖을 바라보고 있을 때가 많습니다.

단어 리스트

彼 그　今 지금　小説 소설　読む 읽다　木村 기무라　話 이야기　来る 오다　頭 머리
集中 집중　彼女 그녀　最近 최근　窓 창　外 밖　眺める 바라보다　多い 많다

어휘 · 문형 069 ぞろぞろ
N2 — 줄줄

의미 용법

많은 것이 연속해서 잇따르는 모습을 일컫는 말이다.

예문

① ビルからサラリーマンがぞろぞろと出てきた。
빌딩에서 샐러리맨이 줄줄이 나왔다.

② たくさんの人がぞろぞろとついてきた。
많은 사람이 줄줄이 따라왔다.

어휘 · 문형 070 のんびり
N3 — 한가롭게, 느긋하게

의미 용법

한가롭고 평온한 모양을 나타낸다.

예문

① 今日はのんびりと家で過ごすつもりです。
오늘은 한가롭게 집에서 지낼 생각입니다.

② 焦らず、のんびりやりましょうよ。
조급해 하지 말고 느긋하게 합시다.

단어 리스트

出る 나오다 | 人 사람 ‖ 今日 오늘 | 家 집 | 過ごす 보내다 | 焦る 조급해 하다

어휘·문형 071 〔N3〕 －はずだ
－ㄹ 것이다

의미 용법

화자가 정황 근거에 기초하여 확신하며 추측할 때 사용하는 형식이다.

예문

① 頑張れば、明日までに終わるはずです。
열심히 하면 내일까지 끝날 것입니다.

② イムさんは運動神経がいいので、たぶん水泳もできるはずです。
임 씨는 운동신경이 좋으니까 아마 수영도 할 수 있을 것입니다.

어휘·문형 072 〔N3〕 －わけだ
－ㄴ 것이다

의미 용법

화자가 정황 근거에 기초하여 확신하며 단정할 때 사용하는 형식이다.

예문

① なるほど。どうりで元気がないわけだ。
그랬군. 그래서 기운이 없는 거구나.

② つまり、明日のパーティーには行きたくないというわけだね。
결국 내일 파티에는 가고 싶지 않다는 거네.

단어 리스트

頑張る 열심히 하다 　明日 내일 　終わる 끝나다 　運動神経 운동신경 　水泳 수영 ‖ 元気 기운, 힘 　行く 가다

어휘·문형 073 — たっぷり
N3 — 넉넉히, 듬뿍

의미 용법

충분하고 여유가 있는 모양을 이르는 말이다.

예문

① コーヒーにミルクをたっぷり入れる。
커피에 우유를 넉넉히 넣는다.

② このキノコは美味しいだけではなく、栄養もたっぷりです。
이 버섯은 맛있을 뿐만 아니라 영양도 듬뿍 들어있습니다.

어휘·문형 074 — たとえ ーても
N2 — 설령, 가령 -해도

의미 용법

전 건의 상황이 성립해도 그것이 후 건에 영향을 미치지 않음을 나타내는 형식이다.

예문

① たとえ彼が何を言っても、私の気持ちは変わらない。
설령 그가 무슨 말을 해도 내 마음은 변하지 않는다.

② たとえどんなに忙しくても、約束を忘れてはいけない。
설령 아무리 바쁘더라도 약속을 잊어서는 안 된다.

단어 리스트

入れる 넣다 | 美味しい 맛있다 | 栄養 영양 | 彼 그 | 何 무엇 | 言う 말하다 | 私 나
気持ち 마음 | 変わる 변하다 | 忙しい 바쁘다 | 約束 약속 | 忘れる 잊다

어휘・문형 075 N1　－にかかわらず
―에 상관없이, ―에 관계없이

의미 용법

전 건의 사항이 어떻든, 후 건은 성립함을 나타내는 형식이다.

예문

① イベントは天候にかかわらず実施されます。
이벤트는 날씨에 상관없이 실시됩니다.

② 荷物はサイズにかかわらず配達いたします。
짐은 사이즈에 관계없이 배달해 드립니다.

어휘・문형 076 N2　－どころではない
―할 처지, 상황, 때가 아니다

의미 용법

어떠한 이유에 의해 그것을 할 처지, 상황, 때가 아님을 나타낸다.

예문

① 忙しくて、それどころじゃないよ。
바빠서 그러고 있을 처지가 아니야.

② 明日は試験があるので、ドライブどころではない。
내일은 시험이 있어서 드라이브할 상황이 아니다.

단어 리스트

天候 날씨　実施 실시　荷物 짐　配達 배달 ‖ 忙しい 바쁘다　明日 내일　試験 시험

어휘·문형 077 　 −通り(に) 　 −대로
N3

의미 용법
'−와 같은 방법이나 상태로, −대로'의 뜻을 지니는 형식이다.

예문

① 私の言う通りにしなさい。
　 내 말대로 해라.

② その音楽会は期待していた通り、素晴らしいものでした。
　 그 음악회는 기대했던 대로 훌륭한 것이었습니다.

어휘·문형 078 　 −てしょうがない 　 −해서 견딜 수가 없다
N2

의미 용법
정도가 매우 심한 상태를 강조하는 형식이다. '−해서 견딜 수 없다, −해서 방법이 없다' 등의 의미를 지닌다.

예문

① 気になってしょうがない。
　 신경 쓰여서 죽겠다.

② かわいがっていた猫が死んで、悲しくてしょうがない。
　 귀여워했던 고양이가 죽어 슬퍼서 견딜 수가 없다.

단어 리스트

−通り(に) −대로 ／ 私 나 ／ 言う 말하다 ／ 音楽会 음악회 ／ 期待 기대 ／ 素晴らしい 훌륭하다 ／ 気になる 신경 쓰이다, 걱정되다 ／ 猫 고양이 ／ 死ぬ 죽다 ／ 悲しい 슬프다

어휘·문형 079   ちびちび   N2
깨작깨작, 홀짝홀짝

의미 용법

음식을 소량으로 조금씩 먹는 모습을 나타낸다.

예문

① 会議中にサンドイッチをちびちび食べた。
   회의 중에 샌드위치를 깨작거리며 먹었다.

② 父は日本酒を飲むとき、少しずつちびちび飲む。
   아버지는 일본 술을 마실 때, 조금씩 홀짝홀짝 마신다.

어휘·문형 080   さっと   N1
재빨리, 확, 휙

의미 용법

동작을 민첩하고 날렵하게 하는 모습을 가리킨다.

예문

① トムは昼食をさっと済ませた。
   톰은 점심을 재빨리 끝냈다.

② しゃぶしゃぶは、肉をさっとゆがいて食べます。
   샤부샤부는 고기를 살짝 데쳐서 먹습니다.

단어 리스트

会議中(かいぎちゅう) 회의 중 　 食(た)べる 먹다 　 父(ちち) 아버지 　 日本酒(にほんしゅ) 일본 술 　 飲(の)む 마시다 　 少(すこ)しずつ 조금씩
昼食(ちゅうしょく) 점심 　 済(す)ませる 끝내다 　 肉(にく) 고기

어휘・문형 081 | かんかん | N1
쨍쨍, 벌컥

의미 용법

햇볕이 매우 내리쬐는 모습, 또는 갑자기 매우 화를 내는 모습 등을 나타낸다.

예문

① 夏の太陽がかんかんと照りつける。
여름 태양이 쨍쨍 내리쬔다.

② 私が約束を破ったせいで、友達はかんかんに怒ってしまった。
내가 약속을 깬 탓에 친구는 벌컥 화내고 말았다.

어휘・문형 082 | ーからといって | N2
-라고 해서

의미 용법

어떤 태도나 행동에 대한 원인, 이유를 나타내는 형식이다. 문 말에 부정 표현이 오는 경우가 많다.

예문

① お金持ちだからといって、決して幸せだとは限らない。
부자라고 해서 결코 행복하다고는 할 수 없다.

② 説明を聞いたからといって、すぐにできるというものではない。
설명을 들었다고 해서 바로 할 수 있는 것은 아니다.

단어 리스트

夏 여름　太陽 태양　照りつける 내리쬐다　私 나　約束 약속　破る 깨다　友達 친구
怒る 화내다 ‖ お金持ち 부자　決して 결코　幸せだ 행복하다　ーとは限らない
ー라고는 할 수 없다　説明 설명　聞く 듣다

어휘·문형 083 　N3

－恐れがある

－할 우려가 있다

의미 용법
어떤 안 좋은 일이 일어날 걱정, 염려, 우려, 두려움이 있음을 나타낸다.

예문

① ネガティブな印象を与える恐れがある。
부정적인 인상을 줄 우려가 있다.

② 大雨が降ると、あの橋は壊れる恐れがある。
큰비가 내리면 저 다리는 무너질 우려가 있다.

어휘·문형 084 　N4

できるだけ

최대한, 가능한 한

의미 용법
능력 범위 내에서 할 수 있는 모든 일을 나타내는 말이다.

예문

① できるだけ早く帰りなさい。
최대한 빨리 집에 와라.

② これから健康のために、野菜をできるだけたくさん食べましょう。
앞으로 건강을 위해서 야채를 가능한 한 많이 먹읍시다.

단어 리스트

－恐れがある －할 우려가 있다　　印象 인상　　与える 주다　　大雨 큰비　　降る 내리다　　橋 다리
壊れる 무너지다　　早く 빨리　　帰る 집에 오다　　健康 건강　　野菜 야채　　食べる 먹다

어휘·문형 085 ―を込めて — ―을 담아서
N3

의미 용법

'마음이나 노력 등을 담아서'의 뜻을 지닌다.

예문

① 愛情を込めてお弁当を作ってみました。
애정을 담아서 도시락을 만들어 보았습니다.

② 母の誕生日に、心を込めて手紙を書いた。
어머니 생일에 마음을 담아 편지를 썼다.

어휘·문형 086 ―に限らず — ―뿐만 아니라
N2

의미 용법

명사에 결합하여 '―뿐만 아니라'의 뜻을 나타내는 형식이다.

예문

① ディズニーランドは子供に限らず大人にも人気がある。
디즈니랜드는 어린이뿐만 아니라 어른에게도 인기가 있다.

② 彼は子供のころ、サッカーに限らずスポーツなら何でも得意だったそうだ。
그는 어릴 적에 축구뿐만 아니라 스포츠라면 뭐든지 잘했다고 한다.

단어 리스트

―を込めて ―을 담아서　愛情 애정　お弁当 도시락　作る 만들다　母 어머니　誕生日 생일
心 마음　手紙 편지　書く 쓰다 ‖ ―に限らず ―뿐만 아니라　子供 어린이　大人 어른
人気 인기　彼 그　何でも 뭐든지　得意だ 잘하다

어휘 · 문형 087 〔N3〕 －たびに
－할 때마다

〔의미 용법〕

'–할 때는 항상, 늘, 매번'의 뜻을 나타낸다.

〔예 문〕

① 彼女は買い物に行くたびに本屋に立ち寄る。
그녀는 쇼핑을 갈 때마다 서점에 들른다.

② 木村さんは会うたびに髪型がちがう。
기무라 씨는 만날 때마다 머리모양이 다르다.

어휘 · 문형 088 〔N1〕 －まみれ
－투성이

〔의미 용법〕

어떤 물질이 마구 묻어 있는 상태를 말한다.

〔예 문〕

① みんな汗まみれになって働いている。
모두 땀투성이 되어 일하고 있다.

② どしゃ降りの中で試合が続き、選手たちは皆泥まみれだ。
장대비 속에서 시합이 계속되어, 선수들은 모두 흙투성이다.

단어 리스트

彼女 그녀　買い物 쇼핑　行く 가다　本屋 서점　立ち寄る 들르다　木村 기무라　会う 만나다　髪型 머리모양 ∥ 汗 땀　働く 일하다　どしゃ降り 장대비　中 속　試合 시합　続く 계속되다　選手 선수　皆 모두　泥 흙

어휘·문형 089 　－を兼ねて　　－을 겸해서
N1

[의미 용법]
두 가지 목적을 아울러 함께 달성하기 위한 행동을 나타내는 형식이다.

[예문]

① ドライブを兼ねてラーメンを食べに行こう。
드라이브를 겸해서 라면 먹으러 가자.

② 散歩を兼ねて花見に行ってきました。
산책을 겸해서 꽃구경 다녀왔습니다.

어휘·문형 090 　－において　　－에서, －에
N2

[의미 용법]
동작이나 작용이 이루어지는 장소 등을 나타내는 형식이다.

[예문]

① 来年の総会はベルリンにおいて行われます。
내년 총회는 베를린에서 합니다.

② 100年前の日本においては、海外旅行など夢のようなことだった。
100년 전 일본에서는, 해외여행 같은 것은 꿈같은 일이었다.

단어 리스트

－を兼ねて －을 겸해서　食べる 먹다　行く 가다　散歩 산책　花見 꽃구경　来年 내년
総会 총회　行われる 행해지다　年 년　前 전　日本 일본　海外旅行 해외여행　夢 꿈

어휘・문형 091 「N3」 −さえ　　−조차, −마저

의미 용법
부정의 〈−ない〉를 수반하여 예시를 강조하기 위한 형식이다.

예문

① 彼には挨拶さえしたくない。
　　그에게는 인사조차 하고 싶지 않다.

② 日本に来たばかりのときは、道を尋ねることさえ一人でできなかった。
　　일본에 온 지 얼마 안 되었을 때는 길을 묻는 것조차 혼자서 할 수 없었다.

어휘・문형 092 「N3」 濃い　　진하다, 짙다

의미 용법
색, 냄새, 맛, 액체, 기체 등의 정도가 심한 것을 말한다.

예문

① 味噌汁の味が濃すぎる。
　　된장국 맛이 너무 진하다.

② 眠くてしょうがないときは、濃いコーヒーを飲むといい。
　　졸려서 어쩔 수 없을 때는, 진한 커피를 마시면 좋다.

단어 리스트

| 彼 그 | 挨拶 인사 | 日本 일본 | 来る 오다 | 道 길 | 尋ねる 묻다 | 一人 한 사람 ‖ 濃い 진하다 | 味噌汁 된장국 | 味 맛 | 濃すぎる 너무 진하다 | 眠い 졸리다 | 飲む 마시다 |

어휘·문형 093 　 －てからでないと
N2　　　　　　　　　　　　　　　　　　　　　　　　　　　－한 후가 아니면

의미 용법

전 건을 먼저 할 필요가 있음을 나타내는 형식이다. 후 건에는 곤란함, 금지, 불가능 등의 표현이 따른다.

예문

① 20歳になってからでないと、お酒を飲むことはできません。
　　20살이 되지 않으면 술을 마실 수 없습니다.

② 運転免許を取ってからでないと、運転してはいけない。
　　운전 면허를 취득한 후가 아니면 운전해서는 안 된다.

어휘·문형 094 　 －ものなら
N2　　　　　　　　　　　　　　　　　　　　　　　　　　　－수 있으면, －수 있는 거라면

의미 용법

가능 동사를 동반하여 현실 가능성이 없는 일에 대한 가정을 나타내는 형식이다. 후 건에는 일반적으로 명령, 희망 표현이 온다.

예문

① やれるもんなら、やってみな。
　　할 수 있으면 해봐라.

② 子供のころに戻れるものなら、戻ってみたい。
　　어린 시절로 돌아갈 수 있다면 돌아가 보고 싶다.

단어 리스트

20歳(はたち) 20살　お酒(さけ) 술　飲む(のむ) 마시다　運転免許(うんてんめんきょ) 운전 면허　取る(とる) 따다　┃　子供(こども) 아이
戻れる(もどれる) 돌아갈 수 있다　戻る(もどる) 돌아가다

어휘·문형 095 | N2 | −ようがない | −할 방법이 없다

의미 용법

동사〈ます〉형에 결합하여 그 동작을 할 방법이 없음을 표현한다.

예문

① 韓国語が好きではないなら、教えようがない。
한국어를 좋아하지 않는다면 가르칠 방법이 없다.

② なぜ酒がやめられないのか、説明のしようがない。
왜 술을 끊을 수 없는 것인지, 설명할 방법이 없다.

어휘·문형 096 | N3 | −に限る | −가 최고다

의미 용법

최고임을 강조하여 무엇인가를 강하게 추천할 때 사용하는 형식이다.

예문

① 夏はやっぱり冷たいビールに限る。
여름은 역시 차가운 맥주가 제일이다.

② 仕事に疲れたときは、寝るに限ります。
일에 지쳤을 때는 자는 것이 최고입니다.

단어 리스트

韓国語 한국어　好きだ 좋아하다　教える 가르치다　酒 술　説明 설명　−に限る
−가 최고다　夏 여름　冷たい 차갑다　仕事 일　疲れる 지치다　寝る 자다

어휘·문형 097 　 －てたまらない　　　　N3
너무 –해서 못 참다

의미 용법

참지 못하는 상태를 강조하여 표현하는 형식이다.

예문

① うるさくてたまらない。
　 너무 시끄러워서 못 참겠다.

② 彼のことが恋しくてたまらない。
　 그 사람이 너무 그리워서 못 참겠다.

어휘·문형 098 　 －に過ぎない　　　　N2
–에 불과하다, –에 지나지 않다

의미 용법

질적, 양적으로 그 정도가 한참 못 미치는 것을 강조하는 형식이다.

예문

① それは全体のごく一部に過ぎない。
　 그것은 전체의 극히 일부에 불과하다.

② それは単なる口実に過ぎない。
　 그것은 단순한 구실에 지나지 않는다.

단어 리스트

彼 그 사람　　恋しい 그립다　∥　－に過ぎない –에 불과하다, –에 지나지 않다　　全体 전체
一部 일부　　単なる 단순한　　口実 구실

어휘·문형 099 — N3
-きれない
다(끝까지) -할 수 없다

의미 용법

동사 〈ます〉형에 결합하여 그 동작을 끝까지 다 할 수 없음을 표현한다.

예문

① もう待ちきれない。
더 이상 못 기다리겠다.

② とても一人では食べきれません。
도저히 혼자서는 다 먹을 수 없습니다.

어휘·문형 100 — N3
-にしろ -にしろ
-하든 -하든

의미 용법

두 가지 내용을 열거하고 어느 쪽이든 상관없음을 나타내는 형식이다.

예문

① 学生にしろ、社会人にしろ、時間を守ることは大切です。
학생이든 사회인이든 시간을 지키는 일은 중요합니다.

② 行くにしろ行かないにしろ、今日のうちに返事をしなければならない。
가든 안 가든 오늘 중으로 답변해야 한다.

단어 리스트

待つ 기다리다　一人 한 사람　食べる 먹다　学生 학생　社会人 사회인　時間 시간
守る 지키다　大切だ 중요하다　行く 가다　今日 오늘　返事 답

어휘·문형 101   ーの末(に)   -한 끝에
N2

[의미 용법]

'여러 가지를 해 본 후, 최종적으로'의 뜻을 담은 형식이다.

[예 문]

① 延長戦の末に引き分けた。
   연장전 끝에 비겼다.

② 長時間の協議の末、やっと結論が出た。
   장시간 협의 끝에 겨우 결론이 났다.

어휘·문형 102   ーのこと   -와 관련된 일체
N3

[의미 용법]

명사에 결합하여 그것과 관련된 일체를 뜻한다. 한국어로는 옮기기 어려운 측면이 있으므로 보통 생략한다.

[예 문]

① 私、中村さんのことが好きです。
   저는 나카무라 씨를 좋아합니다.

② 漫画のことなら、彼以上に詳しく知っている人はいない。
   만화라면 그 사람 이상으로 자세히 아는 사람은 없다.

단어 리스트

ーの末(に) -한 끝에   延長戦 연장전   引き分ける 비기다   長時間 장시간   協議 협의
結論 결론 ‖ 私 나   中村 나카무라   好きだ 좋아하다   漫画 만화   彼 그 사람   以上に 이상으로   詳しい 자세하다   知る 알다   人 사람

어휘·문형 103 　未だに　【N3】
여전히, 아직껏

의미 용법

'여전히, 아직껏, 지금까지, 지금도'와 같은 의미를 지닌다.

예문

① 工事は未だに中断されたままだ。
　공사는 여전히 중단된 상태이다.

② 未だに彼の姿を見たという証言はない。
　아직껏 그 사람 모습을 보았다는 증언은 없다.

어휘·문형 104 　振る舞い　【N1】
행동, 태도

의미 용법

행동이나 태도를 일컫는 말이다.

예문

① そんな振る舞いをするなんて、彼らしくない。
　그런 행동을 한다니 그 사람답지 않다.

② 彼はいつも自分勝手な振る舞いで周りを困らせている。
　그 사람은 항상 제멋대로인 행동으로 주변 사람을 곤란하게 한다.

단어 리스트

未(いま)だに 여전히, 아직껏　　工事(こうじ) 공사　　中断(ちゅうだん) 중단　　彼(かれ) 그 사람　　姿(すがた) 모습　　見(み)る 보다　　証言(しょうげん) 증언　　振(ふ)る舞(ま)い 행동, 태도　　自分勝手(じぶんかって)だ 제멋대로다　　周(まわ)り 주변 사람　　困(こま)らせる 곤란하게 하다

어휘 · 문형 105
N3

思わず

나도 모르게, 무심코

의미 용법

'아무 생각 없이, 나도 모르게, 무의식중에, 무심코'와 같은 의미가 있다.

예문

① びっくりしすぎて、思わず大きな声を出してしまった。
  너무 놀라서 나도 모르게 큰 소리를 내고 말았다.

② 思わず外を見たら、彼が笑顔でこちらを見ていた。
  무심코 밖을 보았더니 그가 웃는 얼굴로 이쪽을 보고 있었다.

어휘 · 문형 106
N2

もぐもぐ

우물우물

의미 용법

입을 벌리지 않고 중얼거리거나 음식을 씹는 모양을 말한다.

예문

① もぐもぐしないで、はっきり言いなさい。
  우물거리지 말고, 확실히 말해라.

② 修君がお菓子をもぐもぐと食べている。
  오사무 군이 과자를 우물우물 먹고 있다.

단어 리스트

思わず 나도 모르게, 무심코　大きな声 큰 소리　出す 내다　外 밖　見る 보다　彼 그 사람
笑顔 웃는 얼굴 ‖ 言う 말하다　修君 오사무 군　お菓子 과자　食べる 먹다

어휘·문형 107 　見知らぬ
N1　　낯선, 모르는

의미 용법

본 기억이 없는, 낯선, 알지 못하는 상태를 나타내는 말이다.

예문

① 見知らぬ人から電話がかかってきた。
　낯선 사람한테 전화가 걸려 왔다.

② 見知らぬ人のように目の前を過ぎ去る。
　모르는 사람처럼 눈앞을 지나쳐 간다.

어휘·문형 108 　－てみせる
N2　　－해 보이다

의미 용법

어떤 동작에 대한 화자의 강한 의지나 각오를 드러내는 형식이다.

예문

① 必ず成功してみせます。
　꼭 성공해 보이겠습니다.

② だから私が皆を守ってみせる。
　그러니까 내가 모두를 지켜내 보이겠어.

단어 리스트

見知らぬ 낯선, 모르는　人 사람　電話 전화　目の前 눈 앞　過ぎ去る 지나쳐 가다
必ず 꼭　成功 성공　私 나　皆 모두　守る 지키다

> 어휘·문형 109
> **N1**
> # −ずじまい
> −하지 않고 끝남

의미 용법
하려고 했지만 결국 하지 않고 끝난 상태를 가리키는 형식이다.

예문

❶ このガイドブックは、結局使わずじまいになりそう。
  이 가이드북은 결국 사용하지 않을 것 같다.

❷ 結局、今日も言えずじまいだった。
  결국 오늘도 말하지 못하고 끝났다.

> 어휘·문형 110
> **N2**
> # −どころか
> −는 커녕

의미 용법
어떤 사실을 부정하는 것은 물론, 그보다 덜하거나 못한 것까지 부정하는 형식이다.

예문

❶ 漢字どころかひらがなも書けない。
  한자는커녕 히라가나도 못 쓴다.

❷ いそがしくて、レストランへ行くどころか食事をとる時間もない。
  바빠서, 레스토랑에 가기는커녕 식사할 시간도 없다.

단어 리스트

結局 결국 | 使う 사용하다 | 今日 오늘 | 言える 말할 수 있다 ‖ 漢字 한자 | 書ける 쓸 수 있다 | 行く 가다 | 食事 식사 | 時間 시간

어휘·문형 111 〔N3〕 —てばかりいる　　　—만 하고 있다

의미 용법

같은 동작을 계속 반복하는 모습을 나타낸다.

예문

❶ 田中さんはいつも仕事中に寝てばかりいる。
다나카 씨는 항상 업무 중에 잠만 자고 있다.

❷ 彼はいつも小さなことに怒ってばかりいます。
그는 항상 작은 일에 화만 내고 있습니다.

어휘·문형 112 〔N4〕 —そうだ　　　—일 것 같다

의미 용법

동사 〈ます〉형에 결합하여, 가까운 미래 추측을 위해 사용하는 형식이다.

예문

❶ 今日は何かいいことがありそう。
오늘은 무언가 좋은 일이 있을 것 같아.

❷ 空が曇って、今にも雨が降りそうだ。
하늘이 흐려서 금방이라도 비가 올 것 같다.

단어 리스트

田中 다나카　仕事中 업무 중　寝る 자다　彼 그 사람　小さなこと 작은 일　怒る 화내다
今日 오늘　何か 무언가　空 하늘　曇る 흐리다　今にも 금방이라도　雨 비　降る 내리다

어휘·문형 113 　 −には
N3　　　　　　　　　　　　　　　　　　　　　　　−하기 위해서는

의미 용법

목적을 나타내는 형식이다.

예문

① あのレストランで食事をするには、予約が必要です。
　 저 레스토랑에서 식사하기 위해서는 예약이 필요합니다.

② 成績をあげるには、頑張るしかない。
　 성적을 올리기 위해서는 노력할 수밖에 없다.

어휘·문형 114 　 −に限り
N2　　　　　　　　　　　　　　　　　　　　　　　−에게만, −에 한해

의미 용법

어떤 특정 범위나 조건으로 제한할 때 사용한다.

예문

① 女性に限り、30%割引いたします。
　 여성에게만 30％ 할인해 드리겠습니다.

② 先着のお客様100人に限り、景品を差し上げます。
　 먼저 오신 손님 100분에 한해 경품을 드리겠습니다.

단어 리스트

食事 식사　予約 예약　必要だ 필요하다　成績 성적　頑張る 노력하다 ‖ −に限り −에게만, −에 한해　女性 여성　割引 할인　先着 선착　お客様 손님　景品 경품　差し上げる 드리다

어휘·문형 115 【N3】 －しかない

－할 수밖에 없다

의미 용법

그 외에 달리 방법이 없음을 나타낸다.

예문

① 終電が終わってしまった。タクシーで帰るしかない。
　막차가 끝나버렸다. 택시로 집에 갈 수밖에 없다.

② ここまで来れば、もう頑張ってやるしかありません。
　여기까지 온 이상 이제 분발해서 할 수밖에 없습니다.

어휘·문형 116 【N2】 －にとって

－에게(는), －의 경우에(는)

의미 용법

명사에 결합하여 그 입장이나 시선에서 사물을 판단하거나 평가할 때 사용하는 형식이다. 사람이나 조직을 앞에 두는 것이 보통이다.

예문

① あなたにとって人生とは何ですか?
　당신에게 인생이란 무엇입니까?

② ケーキを作るのは私にとって一番の楽しみです。
　케이크를 만드는 것은 나에게 가장 큰 즐거움입니다.

단어 리스트

終電(しゅうでん) 막차　終(お)わる 끝나다　帰(かえ)る 집에 가다　来(く)る 오다　頑張(がんば)る 분발하다　人生(じんせい) 인생
何(なん) 무엇　作(つく)る 만들다　私(わたし) 나　一番(いちばん) 제일, 최고　楽(たの)しみ 즐거움

어휘·문형 117 　冷え込む　　쌀쌀해지다, 추워지다
N2

의미 용법

기온이 한층 내려가 춥거나 차가운 상태를 표현하는 말이다.

예 문

① 昨日あたりから、ぐっと冷え込んできました。
　어제쯤부터 부쩍 쌀쌀해졌어요.

② 夜は冷え込むから、体が温まるものにしましょう。
　밤에는 추워지니까 몸이 따뜻해지는 것으로 합시다.

어휘·문형 118 　ーっぱなし　　-한 채 그대로
N2

의미 용법

해야 할 일을 하지 않고 그대로 내버려 둔 상태를 말한다. 동사 〈ます〉형에 접속한다.

예 문

① 何これ、散らかしっぱなしじゃない。
　뭐야 이거, 어지른 채 그대로 아니야.

② 私はたまにテレビをつけっぱなしにして、眠ってしまうことがある。
　나는 가끔 TV를 켜 놓은 채 그대로 잠들어 버릴 때가 있다.

단어 리스트

冷え込む 쌀쌀해지다, 추워지다　昨日 어제　夜 밤　体 몸　温まる 따뜻해지다 ‖ 何 무엇
散らかす 어지르다　私 나　眠る 자다

어휘·문형 119 N2 ーことに
―하게도

의미 용법

〈驚く, 困る〉 등 일부 동사의 〈た〉형에 결합하여 화자의 감정을 강조하는 형식이다.

예문

① 驚いたことに、国語のテストで100点を取った。
놀랍게도 국어 시험에서 100점을 맞았다.

② 困ったことに、操作ミスでコンピューターが動かなくなってしまった。
난처하게도 조작 실수로 컴퓨터가 움직이지 않게 되고 말았다.

어휘·문형 120 N2 ーことに
―하게도

의미 용법

〈残念だ, ラッキーだ, 悲しい, 嬉しい, おもしろい, ありがたい〉 등 일부 형용사의 연체형에 결합하여 화자의 감정을 강조하는 형식이다.

예문

① ラッキーなことに、席が空いていた。
운 좋게도 자리가 비어있었다.

② ありがたいことに、プロジェクトが無事に完了しました。
감사하게도 프로젝트가 무사히 완료되었습니다.

단어 리스트

驚く 놀라다 困る 곤란하다 国語 국어 点 점 取る 따다, 맞다 操作 조작 動く 움직이다 残念だ 유감이다 悲しい 슬프다 嬉しい 기쁘다 席 자리 空く 비다 無事に 무사히 完了 완료

어휘 · 문형 121 　 －出す
N3　　　　　　　　　　　　　　　　　　　　　　　　　　－하기 시작하다

의미 용법

갑작스러운 행동의 개시를 나타낸다. 동사〈ます〉형에 접속한다.

예문

① 赤ちゃんが急に泣き出しました。
아기가 갑자기 울기 시작했습니다.

② 笑わないと思っていたが、つい笑い出してしまった。
웃지 않겠다고 생각하고 있었는데, 그만 웃음을 터트려 버렸다.

어휘 · 문형 122 　 －かどうか
N3　　　　　　　　　　　　　　　　　　　　　　　　　　－일지(인지) 어떨지

의미 용법

선택 의문을 나타내는 형식이다.

예문

① 試験に合格できるかどうか心配です。
시험에 합격할 수 있을지 어떨지 걱정입니다.

② 雨が降るかどうか分からないけれど、一応傘を持ってきた。
비가 올지 어떨지 모르겠지만, 일단 우산을 가져왔다.

단어 리스트

－出す －하기 시작하다　赤ちゃん 아기　急に 갑자기　泣き出す 울기 시작하다　笑う 웃다
思う 생각하다　笑い出す 웃기 시작하다 ‖ 試験 시험　合格 합격　心配だ 걱정이다　雨 비
降る 내리다　分かる 알다　一応 일단　傘 우산　持つ 들다

어휘·문형 123 　ひどい　N4
심하다, 형편없다

의미 용법

정도가 심함을 일컫는 말이다.

예문

① ひどいけがだね。どうしたの?
부상이 심하네. 무슨 일이니?

② あの人は勝つためには、どんなひどい反則でもする。
저 사람은 이기기 위해서는, 어떤 심한 반칙이라도 한다.

어휘·문형 124 　誰が何と言おうと　N3
누가 뭐라 해도

의미 용법

'누가 뭐라 해도'의 의미를 지닌다. 보통 후 건을 강조하기 위해 전 건에 전제로 둔다.

예문

① 誰が何と言おうと、真実は真実だ。
누가 뭐라 해도 진실은 진실이다.

② 誰が何と言おうと、謝る気は全くない。
누가 뭐라고 하든, 사과할 마음은 전혀 없다.

단어 리스트

勝つ 이기다　反則 반칙 ‖ 誰が何と言おうと 누가 뭐라 해도　真実 진실　謝る気 사과할 마음　全くない 전혀 없다

어휘 · 문형 125 わずか N2
얼마 안 됨, 아주 조금

의미 용법

얼마 안 되는, 소수의, 소량의, 적은 모양을 이르는 말이다.

예문

① わずかですが、貯金があります。
   얼마 안 되지만 저금이 있습니다.

② 泥まみれになって働いても、もらえる金はわずかだ。
   흙투성이가 되어 일해도, 받을 수 있는 돈은 아주 적다.

어휘 · 문형 126 むずむず N2
근질근질

의미 용법

벌레가 기어다니듯 한 근질거리는 느낌, 무언가 하고 싶어 좀이 쑤시는 모습 등을 가리키는 말이다.

예문

① 鼻がむずむずする。
   코가 근질거린다.

② 新しいパソコンを早く使ってみたくて、むずむずします。
   새 컴퓨터를 빨리 써보고 싶어서 근질근질합니다.

단어 리스트

貯金 저금   泥まみれ 흙 투성이   働く 일하다   金 돈 ‖ 鼻 코   新しい 새롭다   早く 빨리
使う 사용하다

어휘·문형 127 N1 　−をよそに
−을 아랑곳하지 않고

의미 용법

'−을 무시하고, 신경 쓰지 않고, 두려워하지 않고, 아랑곳하지 않고' 등과 같은 의미를 나타내는 형식이다.

예 문

① 二人は両親の反対をよそに、結婚してしまいました。
두 사람은 부모님의 반대를 아랑곳하지 않고 결혼해 버렸습니다.

② あの子は親の心配をよそに、遊んでばかりいる。
저 아이는 부모의 걱정을 아랑곳하지 않고 놀기만 한다.

어휘·문형 128 N1 　−とは言わないまでも
−까지는 아니더라도

의미 용법

'어떠한 정도까지는 도달하지 않더라도'의 뜻을 나타내는 형식이다. 후건에는 보통 '(적어도, 하다 못해) −정도는 −하다'와 같은 내용이 온다.

예 문

① 毎日とは言わないまでも、週に1回ぐらいは掃除してほしい。
매일까지는 아니더라도, 주에 1번 정도는 청소해 줬으면 좋겠다.

② 天才とは言わないまでも、彼女は才能豊かな人物です。
천재까지는 아니더라도, 그녀는 재능이 풍부한 인물입니다.

단어 리스트

二人 두 사람　両親 부모님　反対 반대　結婚 결혼　親 부모　心配 걱정　遊ぶ 놀다
−とは言わないまでも −까지는 아니더라도　毎日 매일　週 주　回 회　掃除 청소
天才 천재　彼女 그녀　才能 재능　豊かだ 풍부하다　人物 인물

어휘·문형 129 ひっそり
N2 — 쥐 죽은 듯, 조용히

의미 용법
쥐 죽은 듯 고요하고 조용한 모습을 말한다.

예 문

① 山の中の小さな村は、ひっそりと静まり返っていた。
산속 작은 마을은 쥐 죽은 듯 고요했다.

② 都会の生活に疲れて、ひっそりと田舎で一人暮らしをしている。
도시의 생활에 지쳐서 조용히 시골에서 홀로 생활하고 있다.

어휘·문형 130 −たつもりで
N2 — −한 셈 치고

의미 용법
'실제로 하지는 않았지만, 어떤 행위를 한 셈 치고'의 뜻을 지니는 가정표현 형식이다.

예 문

① 騙されたつもりで、やってみましょう。
속은 셈 치고 해 봅시다.

② お金を盗まれたつもりで、友達に貸してあげた。
돈을 도둑맞은 셈 치고 친구에게 빌려주었다.

단어 리스트

山 산　中 속　小さな 작은　村 마을　静まり返る 고요하다, 조용하다　都会 도회　生活 생활　疲れる 피곤하다　田舎 시골　一人暮し 혼자 삶 ‖ 騙される 속다　お金 돈　盗まれる 도둑맞다　友達 친구　貸す 빌려주다

어휘・문형 131 — N3
急用
급한 용무(일)

의미 용법

급한 용무, 급한 일 등을 뜻한다.

예문

① 外せない急用が入った。
미룰 수 없는 급한 용무가 들어왔다.

② 急用ができて、キャンセルすることにしました。
급한 일이 생겨서 취소하기로 했습니다.

어휘・문형 132 — N3
所
곳, 데, 지점

의미 용법

장소를 나타내는 형식 명사이다. 그 외 다양한 용법이 있으므로 주의한다.

예문

① 所変われば品変わる。
고장이 바뀌면 풍속도 바뀐다.

② あの信号を左に曲がった所に、郵便局があります。
저 신호등에서 왼쪽으로 돈 지점에 우체국이 있습니다.

단어 리스트

急用(きゅうよう) 급한 용무(일)　外(はず)せる 빼놓을 수 있다　入(はい)る 들어가다 ‖ 所(ところ) 장소　変(か)わる 바뀌다　品(しな) 물건　信号(しんごう) 신호　左(ひだり) 왼쪽　曲(ま)がる 돌다　郵便局(ゆうびんきょく) 우체국

어휘·문형 133 劣る
N2 못하다, 뒤떨어지다

의미 용법
다른 것보다 상대적으로 못 함, 뒤떨어짐을 나타내는 말이다.

예문

① 彼は知力では誰にも劣らない。
그는 지력에서는 누구에게도 뒤지지 않는다.

② あの二人は、どちらも美人で負けず劣らずだ。
저 두 사람은 모두 미인으로 막상막하다.

어휘·문형 134 いたずら
N2 장난

의미 용법
짓궂게 다른 사람을 놀리는 못된 짓을 이른다.

예문

① 息子のいたずらにカッとなった。
아들 장난에 발끈했다.

② 反省しているようなので、弟のいたずらを許してやった。
반성하고 있는 것 같아서 남동생의 장난을 용서해 주었다.

단어 리스트

| 劣る 못하다, 뒤떨어지다 | 彼 그 | 知力 지력 | 誰 누구 | 美人 미인 | 負けず劣らず 막상막하 |
| 息子 아들 | 反省 반성 | 弟 남동생 | 許す 용서하다 | | |

어휘·문형 135 — N1

－もさることながら

－도 물론이지만

의미 용법

〈－もさることながら〉의 형식을 취하여, 후 건의 내용을 강조한다.

예문

❶ この店は味もさることながら、サービスも素晴らしい。
이 가게는 맛도 물론이지만, 서비스도 아주 훌륭하다.

❷ デザインもさることながら、色が素晴らしい。
디자인도 물론이지만, 색이 아주 훌륭하다.

어휘·문형 136 — N1

じっくり

차분히, 곰곰이

의미 용법

침착하게 시간을 들여서 정성껏 하는 모양을 나타낸다.

예문

❶ じっくり何度も読めばわかります。
차분히 몇 번이고 읽으면 알 수 있어요.

❷ 性急に決めないで、じっくり考えてから結論を出しましょう。
성급하게 결정하지 말고 곰곰이 생각하고 나서 결론을 냅시다.

단어 리스트

| 店 가게 | 味 맛 | 素晴らしい 훌륭하다 | 色 색 | 何度も 몇 번이고 | 読む 읽다 | 性急に 성급하게 |
| 決める 결정하다 | 考える 생각하다 | 結論 결론 | 出す 내다 |

어휘 · 문형 137　ぶかぶか　　N1　　헐렁헐렁

의미 용법

옷, 신발, 장갑, 모자 등 몸에 착용하는 의류나 장신구가 몸에 들어맞지 않고, 틈이 있어 들떠있는 모양을 가리킨다.

예문

① 痩せたので、ズボンがぶかぶかになった。
　　살이 빠져서 바지가 헐렁헐렁해졌다.

② 彼はぶかぶかの靴を履いている。
　　그는 헐렁헐렁한 구두를 신고 있다.

어휘 · 문형 138　かねてから　　N1　　전부터, 이미

의미 용법

'전부터, 이미, 진즉에' 등과 같은 뜻을 지닌다.

예문

① かねてから会いたかった。
　　전부터 만나고 싶었어.

② かねてから憧れていた仕事に就いた。
　　예전부터 동경하던 일을 구했다.

단어 리스트

痩せる 살이 빠지다　彼 그　靴 구두　履く 신다 ‖ 会う 만나다　憧れる 동경하다
仕事に就く 일을 구하다, 취직하다

어휘・문형 139 — 憂鬱 — N1 — 우울(함)

의미 용법

마음이 답답하거나 근심스러워 활기가 없는 모양을 이르는 말이다.

예문

① 憂鬱な気分を晴らす。
   우울한 기분을 풀다.

② 私は雨の日には憂鬱になってしまう。
   나는 비 오는 날에는 우울해져 버린다.

어휘・문형 140 — くすぐったい — N1 — 간지럽다

의미 용법

무언가 살갗에 살짝 닿아 웃음이 나거나 견디기 어려운 느낌을 말한다.

예문

① 背中がくすぐったい。
   등이 간지럽다.

② 子犬に舐められてくすぐったかった。
   강아지가 핥아서 간지러웠다.

단어 리스트

憂鬱 우울(함)　気分 기분　晴らす 풀다　私 나　雨の日 비 오는 날　背中 등　子犬 강아지　舐める 핥다

어휘·문형 141 　　ちょきちょき　　　싹둑싹둑
N1

의미 용법

가위로 경쾌하게 잘라 가는 소리를 나타내는 말이다.

예 문

① はさみでちょきちょきと紙を切る。
　　가위로 싹둑싹둑 종이를 자른다.

② ちょきちょき切って、ペタペタ貼り付けてください。
　　싹둑싹둑 잘라서, 철썩철썩 붙여 주세요.

어휘·문형 142 　　染まる　　　물들다, 색이 변하다
N1

의미 용법

색깔이 스미거나 옮아서 묻는 것을 의미한다.

예 문

① イチョウが黄色に染まってしまいました。
　　은행나무가 노란색으로 물들어 버렸어요.

② 夕日に染まって全てがオレンジ色に見える。
　　저녁노을에 물들어 온통 오렌지색으로 보인다.

단어 리스트

紙 종이　切る 자르다　貼り付ける 붙이다 ∥ 染まる 물들다, 색이 변하다　黄色 노란색
夕日 저녁노을　全て 온통, 전체　色 색　見える 보이다

어휘·문형 143 　見た目　　N1
외형, 겉모습

의미 용법

겉으로 드러난 모양을 나타낸다.

예문

① 見た目で判断してはいけませんよ。
　　외형으로 판단하면 안 돼요.

② このキムチ、見た目は今ひとつだけど、とても美味しい。
　　이 김치, 겉모습은 별로지만 아주 맛있다.

어휘·문형 144 　見る目　　N4
안목, 보는 눈

의미 용법

사물을 보고 판단하는 견식을 말한다.

예문

① 彼は物を見る目がある。
　　그는 물건을 보는 안목이 있다.

② 彼女は男を見る目がないらしい。
　　그녀는 남자를 보는 눈이 없다고 한다.

단어 리스트

見た目 외형, 겉모습　判断 판단　今ひとつだ 별로다, 조금 부족하다　美味しい 맛있다
見る目 안목, 보는 눈　彼 그　物 물건　彼女 그녀　男 남자

어휘·문형 145 口約束
N3 　　구두 약속, 언약

의미 용법

구두로, 말로 하는 약속을 뜻한다.

예문

① 契約書がない口約束には効力がない。
　계약서가 없는, 구두 약속에는 효력이 없다.

② 口約束だけでは心配なので、ちゃんと書面にしておいた方がいい。
　구두 약속만으로는 걱정되므로 확실하게 서면으로 해두는 편이 좋다.

어휘·문형 146 −ながら
N3 　　−하면서

의미 용법

두 동작이 동시에 이루어지는 것을 나타내는 형식이다.

예문

① 音楽を聞きながら部屋を掃除しました。
　음악을 들으면서 방을 청소했습니다.

② 遊びながらも、宿題のことが頭から離れない。
　놀면서도 숙제가 머리에서 떠나지 않는다.

단어 리스트

口約束 구두 약속, 언약　　契約書 계약서　　効力 효력　　心配だ 걱정이다　　書面 서면　　方 쪽, 편 ‖ 音楽 음악　　聞く 듣다　　部屋 방　　掃除 청소　　遊ぶ 놀다　　宿題 숙제　　頭 머리　　離れる 떠나다

어휘·문형 147 N3 ーようだ －인 것 같다

의미 용법

화자가 습득한 정보에 기초하여 추측할 때 사용하는 형식이다.

예 문

① 雨が降っているようだ。
비가 내리고 있는 것 같다.

② お肉が好きなようですね。もっと食べてください。
고기를 좋아하시는 것 같군요. 더 드세요.

어휘·문형 148 N3 イケメン 잘생긴 남자, 꽃미남

의미 용법

용모가 뛰어난 남성을 일컫는 말이다.

예 문

① あのイケメンは誰?
저 잘생긴 사람은 누구니?

② 彼はいわゆるイケメンではない。
그는 흔히 말하는 꽃미남은 아니다.

단어 리스트

雨 비 降る 내리다 お肉 고기 好きだ 좋아하다 食べる 먹다 ‖ 誰 누구 彼 그

어휘·문형 149 初恋 — 첫사랑
N2

의미 용법
태어나서 처음 하는 사랑을 의미한다.

예문

① 生まれて初めての恋を初恋と言います。
　 태어나서 처음 하는 사랑을, 첫사랑이라 합니다.

② お見合いに行く途中に、初恋の彼女に偶然会ってしまった。
　 선보러 가는 도중에, 첫사랑이었던 그녀를 우연히 만났다.

어휘·문형 150 ごろごろ — 데굴데굴
N2

의미 용법
큰 물건이 굴러가는 모습을 나타낸다. 사람에 빗대어 비유 표현으로도 많이 쓰인다.

예문

① ドラム缶をごろごろ転がす。
　 드럼통을 데굴데굴 굴린다.

② 大きな石がごろごろと転がり落ちた。
　 큰 돌이 데굴데굴 굴러떨어졌다.

단어 리스트

初恋 첫사랑　生まれる 태어나다　初めて 처음　恋 사랑　言う 말하다　お見合い 맞선
行く 가다　途中 도중　彼女 그녀　偶然 우연히　会う 만나다 ‖ ドラム缶 드럼통
転がす 굴리다　大きな 큰　石 돌　転がり落ちる 굴러 떨어지다

어휘·문형 151 **N2**　うざい　　짜증 나다

의미 용법
'짜증 나다'를 뜻하는 속된 말로 젊은 층에서 많이 사용된다.

예문

① あいつ、マジで超うざい。
　재, 정말 진짜로 짜증 나.

② うざいんだよ。もうほっといてよ。
　짜증 난다. 인제 그만 좀 내버려 둬.

어휘·문형 152 **N2**　-にそって　　-을 따라

의미 용법
'일정한 선, 기준으로부터 벗어 나지 않게 -을 따라'의 뜻을 나타내는 형식이다.

예문

① 道にそって、木が植えられた。
　길을 따라 나무가 심어졌다.

② 大通りにそって、高いビルが並んでいる。
　큰길을 따라 높은 빌딩이 늘어서 있다.

단어 리스트

マジで超うざい 정말 진짜로 짜증 나다 ‖ 道 길　木 나무　植えられる 심어지다
大通り 큰길, 대로　高い 높다　並ぶ 늘어서다

어휘·문형 153 　 −に先立って
N2 　 −에 앞서

의미 용법

'−에 앞서'의 뜻을 지닌다. 보통 큰 행사나 중요한 일을 나타내는 말이 앞에 온다.

예문

① 入学式に先立って、オリエンテーションがありました。
　 입학식에 앞서 오리엔테이션이 있었습니다.

② 試合に先立って、ルールの確認が行われた。
　 시합에 앞서 규칙 확인이 행해졌다.

어휘·문형 154 　 惜しい
N2 　 아쉽다, 아깝다

의미 용법

뜻대로 되지 않아 매우 섭섭하고 안타까운 느낌을 뜻한다.

예문

① 惜しくも試合に負けてしまった。
　 아쉽게도 시합에서 지고 말았다.

② 惜しい。もうちょっとで勝てたのに。
　 아깝다. 조금만 더 하면 이길 수 있었는데.

단어 리스트

−に先立って −에 앞서　入学式 입학식　試合 시합　確認 확인　行われる 행해지다
惜しい 아쉽다, 아깝다　惜しくも 아쉽게도, 아깝게도　負ける 지다　勝てる 이길 수 있다

어휘 · 문형 155 **N2** －がち

많이, 자주 －하는

(의미 용법)

동사 〈ます〉형에 붙어서 그러한 경향이나 상태가 많음을 나타내는 형식이다.

(예 문)

① 今週のソウルは曇りがちの天気でした。
　이번 주 서울은 흐린 날이 많았습니다.

② 病気がちのおばを見舞いに行った。
　병이 잦은 숙모를 병문안하러 갔다.

어휘 · 문형 156 **N2** －っこない

절대 －않다

(의미 용법)

동사 〈ます〉형에 붙어서 강한 부정을 나타내는 형식이다. 〈見る, 寝る〉와 같이 어간이 1음절인 동사에는 사용할 수 없다.

(예 문)

① うちのチームが優勝なんて、できっこないよ。
　우리 팀이 우승이라니, 절대 불가능하다.

② あなたが言わなければ、他の人は知りっこないよ。
　당신이 말하지 않으면 다른 사람은 절대 모른다.

단어 리스트

今週 이번 주　曇り 흐림　天気 날씨　病気 병　見舞い 문안　行く 가다 ‖ 見る 보다
寝る 자다　優勝 우승　言う 말하다　他の人 다른 사람　知る 알다

어휘 · 문형 157　　—限りでは　　　　—한 바로는
N2

의미 용법

범위를 한정하여 '그 범위 내에서는'을 뜻하는 형식이다.

예　문

① 私が見た限りでは、元気そうだった。
　내가 본 바로는, 건강해 보였다.

② 私の知っている限りでは、彼は信頼できる人物だ。
　내가 아는 바로는, 그는 신뢰할 수 있는 인물이다.

어휘 · 문형 158　　—ほかない　　　　—할 수밖에 없다
N2

의미 용법

그 외의 방법, 선택지가 없음을 나타내는 형식이다.

예　문

① 判決に従うほかないのか。
　판결에 따를 수밖에 없는 건가.

② 雨が降っているので、今日の遠足は延期するほかありません。
　비가 내리고 있어서 오늘 소풍은 연기할 수밖에 없습니다.

단어 리스트

—限りでは —한 바로는　私 나　見る 보다　元気だ 건강하다　知る 알다　彼 그　信頼 신뢰
人物 인물 ‖ 判決 판결　従う 따르다　雨 비　降る 내리다　今日 오늘　遠足 소풍
延期 연기

어휘·문형 159 — 文句 (N3)
불평, 불만

의미 용법
불평, 불만, 이의 등의 뜻으로 많이 사용된다.

예문

① 文句があるなら、ちゃんと言ってほしい。
이의가 있으면 바로 말해 주길 바란다.

② たとえ仕事がつらくても文句を言わないほうがいい。
비록 일이 힘들어도 불평하지 않는 편이 낫다.

어휘·문형 160 — 口が堅い (N3)
입이 무겁다

의미 용법
말수가 적거나, 아는 이야기를 함부로 옮기지 않는 모습을 말하는 관용구이다.

예문

① 信じてください。私は口が堅いんです。
믿어 주세요. 저는 입이 무겁습니다.

② あの人は口が堅いから、秘密を漏らしたりしない。
그 사람은 입이 무거워서 비밀을 누설하거나 하지 않는다.

단어 리스트

文句 불평, 불만 | 言う 말하다 | 仕事 일 | 口が堅い 입이 무겁다 | 信じる 믿다 | 私 나 | 人 사람 | 秘密 비밀 | 漏らす 누설하다

어휘·문형 161 — これといった
N1 — 특별한, 이렇다 할

의미 용법
'자랑하거나 내세울 만한, 또는 그 상황에 적절하거나 딱 맞는'의 뜻을 갖는다. 뒤에 〈-ない〉를 동반한다.

예문

① これといったメリットはない。
   특별한 메리트는 없다.

② これといった妙案が浮かばない。
   이렇다 할 묘안이 떠오르지 않는다.

어휘·문형 162 — ことごとく
N1 — 전부, 모두

의미 용법
남김이 없는 모습을 나타내는 말이다. 전부, 모두, 모조리 등과 같은 뜻을 지닌다.

예문

① 財産をことごとく失ってしまいました。
   자산을 전부 잃어버렸습니다.

② 数々の実験を行ったが、ことごとく失敗した。
   수많은 실험을 했지만 모조리 실패했다.

단어 리스트

妙案 묘안 浮かぶ 떠오르다 ‖ 財産 재산 失う 잃다 数々の 수많은 実験 실험 行う 하다, 행하다 失敗 실패

어휘·문형 163 **つくづく** — N1
정말, 아주, 절실히

의미 용법

마음속 깊이 통절하게 느끼는 모양을 이른다.

예문

① つくづく自分が嫌になる。
정말로 내 자신이 싫다.

② 健康って本当に大事だなってつくづく思います。
건강이 정말 중요하다고 절실히 느낍니다.

어휘·문형 164 **はらはら** — N2
조마조마, 아슬아슬

의미 용법

위태위태하여 조바심을 내는 모양을 나타낸다.

예문

① はらはらしながら結果を待っていました。
조마조마해 가며 결과를 기다리고 있었습니다.

② その映画は、はらはらするシーンが多かった。
그 영화는 아슬아슬한 장면이 많았다.

단어 리스트

自分 자신　嫌になる 싫다　健康 건강　本当に 정말로　大事だ 중요하다　思う 생각하다
結果 결과　待つ 기다리다　映画 영화　多い 많다

> **어휘·문형 165**
> **N1**
> # ふらふら
> 휘청휘청, 흔들흔들, 갈팡질팡

의미 용법

걸음, 마음 등이 흔들리는 모습을 말한다.

예 문

❶ そのランナーはふらふらになって、ゴールに近づいてきた。
　그 주자는 휘청거리며 결승선에 다가왔다.

❷ 酒に酔ってふらふらと歩く。
　술에 취해 흔들거리며 걷는다.

> **어휘·문형 166**
> **N1**
> # あたふた
> 허겁지겁, 허둥지둥

의미 용법

정신 없이 갈팡질팡하며 다급히 서두르는 모양을 나타내는 말이다.

예 문

❶ トムさんはあたふたと飛び出していった。
　톰 씨는 허겁지겁 뛰쳐나갔다.

❷ 寝坊したので朝からあたふたしました。
　늦잠을 자서 아침부터 허둥지둥하였습니다.

단어 리스트

近づく 접근하다　酒 술　酔う 취하다　歩く 걷다 ‖ 飛び出す 뛰쳐나가다　寝坊 늦잠　朝 아침

어휘·문형 167 N2 －気味

—한 느낌이 조금 있음

의미 용법

동사 〈ます〉형, 명사 등에 접속하여 '약간 –한 느낌(경향)이 있음'을 나타내는 형식이다.

예문

① 少し風邪気味だから、外出は控えようと思っています。
조금 감기기가 있으니, 외출은 자제하려고 합니다.

② このごろ仕事が忙しくて少し疲れ気味です。
요즘 일이 바빠서 조금 피곤합니다.

어휘·문형 168 N2 －くせに

—주제에

의미 용법

역접을 나타내는 표현이다. '–주제에'의 뜻을 지닌다.

예문

① 何も知らないくせに、口出ししないで。
아무것도 모르는 주제에 말참견하지 마라.

② 新入部員のくせに生意気だね。
신입 부원 주제에 건방지네.

단어 리스트

－気味 –한 느낌이 조금 있음　少し 조금　風邪 감기　外出 외출　控える 자제하다　思う 생각하다　仕事 일　忙しい 바쁘다　疲れる 피곤하다　何も知らない 아무것도 모르다　口出し 말참견　新入部員 신입 부원　生意気だ 건방지다

어휘·문형 169 　　ーっけ　　　　　　　　　　　-었나, -던가
N3

의미 용법
명확하지 않은 사실을 상대에게 확인할 때 사용하는 형식이다. 혼자 말로도 사용한다.

예 문

① 今日、何曜日でしたっけ？
　오늘 무슨 요일이었지요?

② 俺、そんなこと言ったっけ？
　내가 그런 말 했었나?

어휘·문형 170 　　気に入る　　　　　　　　좋아하다, 마음에 들다
N3

의미 용법
마음에 듦을 나타내는 말이다.

예 문

① 気に入ってくれて嬉しい。
　좋아해 줘서 기쁘다.

② 同じことをくどくど言うから気に入らない。
　같은 말을 지루하게 하니까 마음에 안 든다.

단어 리스트

今日 오늘　　何曜日 무슨 요일　　俺 나　　言う 말하다　　気に入る 좋아하다, 마음에 들다
嬉しい 기쁘다　　同じこと 같은 것

어휘·문형 171 · N1 — うんざり — 지긋지긋

의미 용법

싫증, 짜증 나서 진절머리가 나는 모습을 가리킨다.

예문

① 先生の小言には、もううんざりです。
선생님 잔소리는 이제 지긋지긋합니다.

② 何をするにもうまくできない自分に、うんざりしています。
무엇을 하든 잘 못 하는 내 자신이 지긋지긋합니다.

어휘·문형 172 · N1 — ーなり — -대로, -나름

의미 용법

어떤 것에 상응하는, 어울리는 정도를 나타내는 형식이다.

예문

① お金がないなら、ないなりに生活しなければならない。
돈이 없으면 없는 대로 생활해야 한다.

② 若者には、若者なりの悩みがある。
젊은이에게는 젊은이 나름의 고민이 있다.

단어 리스트

先生 선생님　小言 잔소리　何 무엇　自分 자기 자신 ‖ お金 돈　生活 생활　若者 젊은이
悩み 고민

어휘·문형 173 　 －にしては　 －치고는
N3

의미 용법

어떤 것에 맞지 않은, 어울리지 않은 상태를 나타내는 형식이다.

예문

① 冬にしては暖かい一日でした。
　 겨울치고는 따뜻한 하루였습니다.

② 彼女は女性にしてはずいぶん力が強い。
　 그녀는 여자치고는 상당히 힘이 세다.

어휘·문형 174 　 －ば －ほど　 －하면 －할수록
N3

의미 용법

정도가 더 심해지는 것을 나타낸다.

예문

① 給料は高ければ高いほどいいです。
　 급료는 높으면 높을수록 좋습니다.

② 成績は努力すればするほど上がる。
　 성적은 노력하면 할수록 올라간다.

단어 리스트

冬 겨울　暖かい 따뜻하다　一日 하루　彼女 그녀　女性 여성　力 힘　強い 세다　給料 급료　高い 높다　成績 성적　努力 노력　上がる 올라가다

어휘·문형 175 **N1** −に関わる
−에 영향을 주는, −에 관련된

의미 용법

영향, 관계, 관련, 상관이 있음을 나타내는 말이다.

예문

① 命に関わる病気ではありません。ご安心ください。
생명에 영향을 주는 병이 아닙니다. 안심하십시오.

② これは我が校の名誉に関わる問題だ。
이것은 우리 학교의 명예에 관련된 문제이다.

어휘·문형 176 **N1** −までもない
−할 필요도 없다

의미 용법

굳이 할 필요가 없음을 나타내는 형식이다.

예문

① 電話ですむことですから、わざわざ行くまでもありません。
전화로 끝날 일이기 때문에, 굳이 갈 필요도 없습니다.

② お金がすべてではないのは言うまでもない。
돈이 전부가 아닌 것은 말할 필요도 없다.

단어 리스트

−に関わる −에 영향을 주는, −에 관련된　命 생명　病気 병　安心 안심　我が校 우리학교
名誉 명예　問題 문제 ‖ 電話 전화　行く 가다　お金 돈　言う 말하다

어휘·문형 177   −ときたら   N1   −은

의미 용법

'−에 대해 말하자면, −은(는)'의 뜻을 나타낸다. 불만이나 비난 등 부정적 내용이 뒤따른다.

예문

① うちの猫ときたら、いつも部屋を散らかすんです。
우리 집 고양이는 항상 방을 어지럽힙니다.

② あいつときたら、いつも遅れて来るんだから。頭にくるよ。
저 녀석은 항상 늦게 오기 때문에 말이지. 열 받아.

어휘·문형 178   −ならではの   N1   −에만 있는, −만의

의미 용법

다른 것에서는 찾아볼 수 없음을 나타내는 형식이다.

예문

① この地域ならではの料理を食べてみたい。
이 지역에만 있는 요리를 먹어보고 싶다.

② 相撲は日本ならではのスポーツです。
스모는 일본에만 있는 스포츠입니다.

단어 리스트

猫 고양이	部屋 방	散らかす 어지르다	遅れる 늦다	来る 오다	頭 머리	地域 지역
料理 요리	食べる 먹다	相撲 스모	日本 일본			

어휘・문형 179 · N3
気にする
신경 쓰다

의미 용법

특정 사안에 대해 마음을 쓰거나 걱정하는 것을 나타내는 말이다.

예문

① 私は人の目を気にするタイプです。
나는 다른 사람 시선을 신경 쓰는 타입입니다.

② そんなうわさなんか気にしないで。
그런 소문 따위 신경 쓰지 마.

어휘・문형 180 · N3
ため息をつく
한숨을 쉬다

의미 용법

근심이나 걱정이 있을 때 길게 몰아서 숨을 쉬는 것을 가리킨다.

예문

① サンドイッチを食べながら、小さなため息をついた。
샌드위치를 먹으면서 작은 한숨을 쉬었다.

② ため息をつくと、幸せが逃げるって本当ですか?
한숨을 쉬면 행복이 도망간다는 말, 정말입니까?

단어 리스트

気にする 신경 쓰다　私 나　人 사람　目 눈 ‖ ため息をつく 한숨을 쉬다　食べる 먹다　小さな 작은　幸せ 행복　逃げる 도망가다　本当 정말

어휘·문형 181 　飲み込む　　삼키다, 이해(납득)하다
N1

의미 용법

'입에 넣어 목으로 넘기다, 또는 깨달아서 알다' 등을 뜻한다.

예문

❶ つばを飲み込んだ。
　침을 삼켰다.

❷ 新入社員は仕事の要領をやっと飲み込んだようです。
　신입사원은 일의 요령을 겨우 이해한 것 같습니다.

어휘·문형 182 　豊か　　풍부함, 풍성함, 여유가 있음
N2

의미 용법

넉넉하여 모자람이 없는 모양이다.

예문

❶ この国は自然が豊かです。
　이 나라는 자원이 풍부합니다.

❷ 文学や歴史は、人の心を豊かにしてくれる大切なものです。
　문학이나 역사는 사람의 마음을 풍성하게 해 주는 중요한 것입니다.

단어 리스트

飲(の)み込(こ)む 삼키다, 이해하다　新入社員(しんにゅうしゃいん) 신입사원　仕事(しごと) 일　要領(ようりょう) 요령 ‖ 豊(ゆた)か 풍부함, 풍성함　国(くに) 나라　自然(しぜん) 자연　文学(ぶんがく) 문학　歴史(れきし) 역사　人(ひと) 사람　心(こころ) 마음　大切(たいせつ)だ 중요하다

어휘·문형 183 　うとうと　　꾸벅꾸벅
N2

의미 용법

모르는 사이에 순간적으로 잠이 드는 모습이다.

예 문

① 授業中にうとうとすることが多い。
수업 중에 꾸벅꾸벅 조는 일이 많다.

② 新聞を読みながら、うとうとしてしまった。
신문을 읽다가 꾸벅꾸벅 졸고 말았다.

어휘·문형 184　しくしく　　훌쩍훌쩍
N2

의미 용법

콧물을 들이마시며 잇따라 흐느껴 우는 소리 또는 그 모양을 묘사한다.

예 문

① しくしく泣き続ける。
훌쩍훌쩍 계속 울어댄다.

② 迷子になったのか、子供がしくしくと泣いている。
길을 잃었는지, 아이가 훌쩍훌쩍 울고 있다.

단어 리스트

授業中 수업 중　多い 많다　新聞 신문　読む 읽다 ‖ 泣き続ける 계속 울다
迷子になる 길을 잃다　子供 아이　泣く 울다

어휘·문형 185 　 －によって　　　　　　　　－에 따라, －에 의해
N3

[의미 용법]

경우를 나타내는 형식으로 사용된다.

[예문]

① 人によって、まちまちです。
　사람에 따라 제각각입니다.

② 寒い地方では積雪量によって、学校が休校になることもある。
　추운 지방에서는 적설량 정도에 따라 학교가 휴교 되는 일도 있다.

어휘·문형 186 　 －によって　　　　　　　　－때문에, －에 의해
N3

[의미 용법]

원인이나 이유를 나타내는 형식으로 사용된다.

[예문]

① 事故によって、電車が遅れているのです。
　사고 때문에 전차가 지연되고 있습니다.

② 台風によって、その試合は延期になりました。
　태풍 때문에 그 시합은 연기되었습니다.

[단어 리스트]

人 사람 　 寒い 춥다 　 地方 지방 　 積雪量 적설량 　 学校 학교 　 休校 휴교 ‖ 事故 사고
電車 전차 　 遅れる 늦다 　 台風 태풍 　 試合 시합 　 延期 연기

어휘·문형 187 **N3** －によって

－로, －에 의해

의미 용법
수단이나 방법을 나타내는 형식으로 사용된다.

예문

① 選挙によって首相を決める。
선거로 수상을 정한다.

② これは手作業によって作られました。
이것은 수작업으로 만들어졌습니다.

어휘·문형 188 **N3** －によって

－이(가), －에 의해

의미 용법
행위 주체를 나타내는 형식으로 사용된다.

예문

① 電話はベルによって発明されました。
전화는 벨이 발명했습니다.

② 『こころ』は夏目漱石によって書かれました。
〈고코로〉는 나츠메 소우세키가 썼습니다.

단어 리스트

選挙 선거　首相 수상　決める 정하다　手作業 수작업　作る 만들다　電話 전화　発明 발명　夏目漱石 나츠메 소우세키　書く 쓰다

어휘 · 문형 189 　−によると(よれば)　　　−에 의하면
N3

의미 용법

판단 근거를 나타내는 형식으로 사용된다.

예 문

❶ 天気予報によると、明日は雨だそうだ。
　일기예보에 의하면 내일은 비가 온다고 한다.

❷ うわさによれば、あの二人は結婚するらしいです。
　소문에 의하면 저 두 사람은 결혼한다고 합니다.

어휘 · 문형 190 　−ないうちに　　　−하기 전에
N3

의미 용법

어떤 동작이 일어나지 않고 지속되는 사이를 뜻하는 말이다. 즉 그 동작이 일어나기 전을 의미한다.

예 문

❶ 冷めないうちに、食べてください。
　식기 전에 드세요.

❷ 雨が降らないうちに、家に帰った方がいい。
　비가 오기 전에 집에 가는 편이 좋다.

단어 리스트

天気予報 일기예보　明日 내일　雨 비　二人 두 사람　結婚 결혼　冷める 식다
食べる 먹다　降る 내리다　家 집　帰る 귀가하다　方 편, 쪽

어휘 · 문형 191 　ーやすい　　ー하기 쉽다
N4

〔 의미 용법 〕

동사 〈ます〉형에 결합하여 그 동작을 하기가 쉬움을 나타낸다.

〔 예　　문 〕

① このシャツは汚れやすい。
　이 셔츠는 더러워지기 쉽다.

② 割れやすいので触らないでください。
　깨지기 쉬우니 만지지 마세요.

어휘 · 문형 192 　ーにくい　　ー하기 힘들다, 어렵다
N4

〔 의미 용법 〕

동사 〈ます〉형에 결합하여 그 동작을 하기가 힘듦, 어려움을 나타낸다.

〔 예　　문 〕

① この箸は、ちょっと使いにくいです。
　이 젓가락은 좀 사용하기 힘듭니다.

② 平仮名が多すぎると、読みにくくなる。
　히라가나가 너무 많으면 읽기 힘들다.

단어 리스트

汚れる 더러워지다　　割れる 깨지다　　触る 만지다　｜　箸 젓가락　　使う 사용하다　　平仮名 히라가나　　多い 많다　　読む 읽다

어휘·문형 193 | ずいぶん
N4 — 무척, 상당히, 아주

의미 용법
어떠한 상태를 강조하는 말이다.

예문

① ずいぶん大きくなったね。
무척 컸네.

② 見た目は同じでも、国によって味がずいぶん違います。
겉보기는 같아도 나라에 따라 맛이 상당히 다릅니다.

어휘·문형 194 | かゆい
N3 — 가렵다

의미 용법
긁고 싶은 느낌이 있는 피부 상태를 말한다.

예문

① 花粉症で、目がかゆい。
꽃가루 알레르기로 눈이 가렵다.

② 虫にさされたところがかゆくてたまらない。
벌레에게 물린 데가 가려워서 견딜 수 없다.

단어 리스트

大きい 크다 見た目 겉보기 同じだ 같다 国 나라 味 맛 違う 다르다 ‖ 花粉症 꽃가루 알레르기 目 눈 虫 벌레

어휘・문형 195 — とっくに — N2
이미 벌써, 한참 전

의미 용법
이미 벌써, 한참 전, 진작 등의 뜻을 나타낸다.

예문

① そんなこと、とっくに知っているよ。
그런 거, 이미 벌써 알고 있어.

② 父はもうとっくに着いているはずです。
아버지는 이미 한참 전에 도착했을 것입니다.

어휘・문형 195 — －たそばから — N1
－하자마자

의미 용법
어떤 동작이 끝나고 곧바로 다음 동작이 일어나는 것을 가리킨다. 일회성이 아니라 지속성이 있으며, 보통 부정적인 의미로 쓰이는 경우가 많다. 과거형을 취한다.

예문

① 注意したそばから、同じミスをする。
주의하자마자 같은 실수를 한다.

② 聞いたそばから忘れてしまうなんて、私も実に情けない。
듣자마자 잊어버리다니, 나도 참 한심하다.

단어 리스트

知る 알다　父 아버지　着く 도착하다　注意 주의　同じミス 같은 실수　聞く 듣다
忘れる 잊다　私 나　実に 참으로　情けない 한심하다

어휘·문형 197
N1

－極まりない

−하기 짝이 없다

의미 용법

비교할 대상이 없을 만큼 정도가 심함을 나타내는 형식이다.

예 문

① 彼は無礼極まりない。
　그는 무례하기 짝이 없다.

② 姉は冷静極まりない人です。
　누나는 냉정하기 짝이 없는 사람이다.

어휘·문형 198
N1

－始末

−꼴, −모양

의미 용법

나쁜 결과로써의 꼴, 사정, 모양, 형편 등을 말한다.

예 문

① 何だ、この始末は。
　뭐야, 이 꼴은.

② 妹は何をやらせてもあの始末だ。
　여동생은 무엇을 시켜도 저 모양이다.

단어 리스트

－極まりない −하기 짝이 없다　彼 그　無礼 무례　姉 누나　冷静 냉정　人 사람
－始末 −꼴, −모양　何 무엇　妹 여동생　何を 무엇을

어휘·문형 199 〔N1〕 －ずくめ　　　－일색, －만 있음

의미 용법

너무 많은 상태를 가리키는 말이다.

예문

① 彼女はいつも全身ブランドずくめだ。
　그녀는 항상 전신이 브랜드 일색이다.

② いい事ずくめの一年だった。
　좋은 일만 있었던 한 해였다.

어휘·문형 200 〔N2〕 とにかく　　　어쨌든, 하여간, 좌우간

의미 용법

일의 성질, 형편, 상태 따위가 어떻게 되든 상관이 없는 모습을 이르는 말이다.

예문

① とにかく、電話をしてみよう。
　어쨌든, 전화해 보자.

② とにかく、これをなんとかしないといけない。
　좌우간, 이것을 어떻게든 해야 한다.

단어 리스트

彼女 그녀　全身 전신　いい事 좋은 일　一年 1년 ‖ 電話 전화

어휘 · 문형 201	ろくに	제대로
N1		

의미 용법

제대로, 충분히, 변변히 등의 뜻을 지닌다. 뒤에 〈ない〉를 수반한다.

예 문

① 昨夜はろくに眠れなかった。
어젯밤에는 제대로 잠을 못 잤다.

② 仕事もろくにできないくせに。
일도 제대로 못 하면서.

어휘 · 문형 202	-次第	-하는 대로, -하는 즉시
N2		

의미 용법

동사 〈ます〉형에 결합하여, 어떤 동작이 끝나고 바로 다음 동작이 이어지는 것을 나타내는 형식이다.

예 문

① 営業は売り切れ次第、終了します。
영업은 매진되는 대로 종료합니다.

② 日程が決まり次第、ご連絡いたします。
일정이 정해지는 즉시 연락드리겠습니다.

단어 리스트

昨夜 어젯밤　眠る 자다　仕事 일　-次第 -하는 대로, -하는 즉시　営業 영업
売り切れる 매진되다　終了 종료　日程 일정　決まる 정해지다　連絡 연락

어휘·문형 203 — すいすい
N2 — 술술, 착착, 획획

의미 용법
거침없이, 막힘없이 나아가는 모양이다.

예문

① あの子は大人でも解けない数学問題をすいすいと解いていった。
저 아이는 어른도 못 푸는 수학 문제를 술술 풀어 갔다.

② 仕事がすいすいと順調に進んでいる。
일이 착착 순조롭게 진행되고 있다.

어휘·문형 204 — －ざるを得ない
N2 — －해야 하다, －하지 않을 수 없다

의미 용법
'－해야 하다, －하지 않을 수 없다'와 같은 의미를 나타낸다.

예문

① もう諦めざるを得ない。選択肢がない。
이제 포기해야 한다. 선택지가 없다.

② 約束は約束だ。忙しくても行かざるを得ない。
약속은 약속이다. 바빠도 가지 않을 수 없다.

단어 리스트

あの子 저 아이　大人 어른　解ける 풀 수 있다　数学 수학　問題 문제　解く 풀다　仕事 일　順調に 순조롭게　進む 나아가다 ∥ －ざるを得ない －해야 하다, －하지 않을 수 없다　諦める 포기하다　選択肢 선택지　約束 약속　忙しい 바쁘다　行く 가다

어휘·문형 205 　-っぽい
N2　　　　　　　　　　　　　　　　　　　　　　자주 -하다, -같다

의미 용법

어떠한 경향이나 성질이 있음을 표현하는 말이다.

예 문

❶ 最近、何だか忘れっぽい。
　　최근 왠지 자주 잊는다.

❷ 彼女の話は、どうもうそっぽいです。
　　그녀의 이야기는 아무래도 거짓말 같습니다.

어휘·문형 206 　-からには
N2　　　　　　　　　　　　　　　　　　　　　　　　　-한 이상

의미 용법

'이미 그렇게 된 바에는'의 뜻을 나타낸다.

예 문

❶ 約束したからには必ず守るべきだ。
　　약속한 이상 반드시 지켜야 한다.

❷ 決めたからには、成功するようにがんばろう。
　　결정한 이상 성공하도록 열심히 하자.

단어 리스트

| 最近 최근 | 何だか 왠지 | 忘れる 잊다 | 彼女 그녀 | 話 이야기 ‖ 約束 약속 | 必ず 반드시 |
| 守る 지키다 | 決める 결정하다 | 成功 성공 |

어휘 · 문형 207 — N2

かけがえのない
아주 소중하다, 오직 하나뿐이다

의미 용법

아주 소중함을 강조하는 표현이다.

예문

① あなたにとって、かけがえのない、なくてはならないものは何ですか?
당신에게 아주 소중한, 없어서는 안 되는 것은 무엇입니까?

② あなたは私にとって、かけがえのない存在です。
당신은 나에게 오직 하나뿐인 존재입니다.

어휘 · 문형 208 — N2

ーにしても
―라 치더라도, ―라 하더라도

의미 용법

역접 표현에 사용된다.

예문

① 山田さん、遅れるって言ってたけど、それにしても遅すぎる。
야마다 씨, 늦는다고는 했지만, 그렇다 치더라도 너무 늦는다.

② 試験が難しかったにしても、この成績は悪すぎる。
시험이 어려웠다 치더라도 이 성적은 너무 나쁘다.

단어 리스트

何 무엇　私 나　存在 존재　山田 야마다　遅れる 늦다　言う 말하다　遅い 늦다　試験 시험　難しい 어렵다　成績 성적　悪い 나쁘다

어휘·문형 209 　 −から見れば
N2 　 −가 보았을 때, −로 보았을 때

[의미 용법]

어떠한 입장에서, 또는 어떠한 상황을 근거로 판단할 때 사용하는 형식이다.

[예문]

① 私から見れば、父は家族にいつも優しいです。
　　내가 보았을 때, 아버지는 가족에게 항상 상냥합니다.

② 現場の状況から見れば、犯人は窓から入ってきたようです。
　　현장 상황으로 보았을 때, 범인은 창문으로 들어온 것 같습니다.

어휘·문형 210 　 −ないこともない
N2 　 −않을 것도 없다

[의미 용법]

이중 부정의 형태를 취해, 잘라서 단정하는 것을 회피하고자 하는 표현이다. 약간의 가능성이 있음을 말한다.

[예문]

① 食べられないこともないのですが、あまり好きではないのです。
　　못 먹을 것도 없습니다만 그렇게 좋아하지 않습니다.

② 難しいですが、できないこともないです。
　　어렵지만 못 할 것도 없습니다.

단어 리스트

−から見れば −가 보았을 때, −로 보았을 때　　私 나　　父 아버지　　家族 가족　　優しい 상냥하다
現場 현장　　状況 상황　　犯人 범인　　窓 창　　入る 들어오다　∥　食べられる 먹을 수 있다
好きだ 좋아하다　　難しい 어렵다

어휘 · 문형 211 N1
－はどうであれ
－는 어떻든

의미 용법
일의 형편, 성질, 상태, 원인 등이 어떠하든지 상관없음을 뜻한다.

예문

① 結果はどうであれ、よく頑張った。
결과야 어떻든 아주 열심히 했다.

② 外見はどうであれ、才能のある人材を第一に採用すべきだ。
외모야 어떻든 재능 있는 인재를 먼저 뽑아야 한다.

어휘 · 문형 212 N1
－じゃあるまいし
－도 아니고

의미 용법
'－도 아니고'의 의미를 지닌다. 후건에는 화자의 판단, 주장, 조언 등이 오는 경우가 많다.

예문

① 神様じゃあるまいし、そんなことわからないよ。
신도 아니고, 그런 거 몰라.

② 子どもじゃあるまいし、自分のことは自分でやりなさい。
아이도 아니고, 자기 일은 자기가 해라.

단어 리스트

結果 결과 | 頑張る 열심히 하다 | 外見 외견 | 才能 재능 | 人材 인재 | 第一に 첫 번째로, 먼저
採用 채용 | 神様 신 | 子ども 아이 | 自分 자기, 자신

어휘·문형 213 　 −(よ)うにも −ない
N1 　 −하려 해도 −할 수 없다

의미 용법

무언가를 하려고 해도 할 수가 없는 상태를 나타내는 형식이다. 후 건에는 가능 동사의 부정형이 오는 경우가 많다.

예 문

❶ 高すぎて、買おうにも買えません。
　너무 비싸서, 사려고 해도 못 사겠습니다.

❷ 相手がいなければ、結婚しようにもできない。
　상대가 없으면, 결혼하려고 해도 할 수 없다.

어휘·문형 214 　 すべすべ
N2 　 매끈매끈

의미 용법

표면이 매끄러운 모양을 가리킨다.

예 문

❶ 全身すべすべ肌になりたい。
　온몸의 피부가 매끈매끈해지고 싶다.

❷ この温泉に入ると、肌がすべすべになります。
　이 온천에 들어가면 피부가 매끈매끈해집니다.

단어 리스트

高い 비싸다　買う 사다　相手 상대　結婚 결혼　全身 전신, 온몸　肌 피부　温泉 온천
入る 들어가다

어휘·문형 215 | つい
N3 나도 모르게, 그만, 무심결에

의미 용법

무의식중인 상태를 이르는 말이다.

예문

① つい食べ過ぎちゃった。
　나도 모르게 과식해 버렸다.

② 彼の顔を見ると、つい小言が出る。
　그 사람 얼굴을 보면 그만 잔소리가 나온다.

어휘·문형 216 | ぴったり
N3 꼭, 딱, 착

의미 용법

정확히 맞는 모양, 또는 잘 어울리는 모양을 나타낸다.

예문

① このスカートは私のサイズにぴったりです。
　이 스커트는 내 사이즈에 꼭 맞습니다.

② あの人は、あなたにぴったりの人ですよ。
　그 사람은 당신에게 딱 맞는 사람입니다.

단어 리스트

食べ過ぎる 과식하다　彼 그 사람　顔 얼굴　見る 보다　小言 잔소리　出る 나오다
私 나　人 사람

> 어휘・문형 **217**
> N3
>
> # 大して
>
> 그다지

의미 용법

'그다지, 별로'의 뜻을 지니며, 뒤에 부정의 〈ない〉가 따라온다.

예 문

❶ このハンバーガーは大しておいしくない。
　　이 햄버거는 그다지 맛있지 않다.

❷ この場合、国籍は大して重要ではありません。
　　이 경우, 국적은 그다지 중요하지 않습니다.

> 어휘・문형 **218**
> N4
>
> # いったい
>
> 도대체

의미 용법

주로 의문문과 호응하며 놀람, 걱정, 궁금한 심정 등을 표현한다.

예 문

❶ いったい、何を言っているんだ。
　　도대체 무슨 소리를 하는 거야.

❷ いったい、なぜ私がこんな目にあわなければならないのか。
　　도대체 왜 내가 이런 일을 당해야 하나.

단어 리스트

大(たい)して 그다지 ｜ 場合(ばあい) 경우 ｜ 国籍(こくせき) 국적 ｜ 重要(じゅうよう) 중요 ‖ 何(なに) 무엇 ｜ 言(い)う 말하다 ｜ 私(わたし) 나 ｜ こんな目(め)にあう 이런 일을 당하다

> 어휘·문형 **219**
> **N2**
>
> # こんがり
>
> 노릇노릇, 노르스름

의미 용법

알맞게 구워진 모양을 이른다.

예 문

① 魚はこんがり焼くだけで充分おいしい。
생선은 노릇노릇 굽는 것만으로 매우 맛있다.

② トーストがこんがりと焼けて、おいしそうだ。
토스트가 노르스름하게 구워져 맛있어 보인다.

> 어휘·문형 **220**
> **N2**
>
> # そっとしておく
>
> 가만히(그냥) 내버려 두다

의미 용법

가만히 내버려 두는, 그냥 내버려 두는 행동을 나타낸다.

예 문

① しばらく、そっとしておいてほしい。
당분간 가만히 내버려 두었으면 좋겠다.

② 彼は一人になりたいらしいから、そっとしておいてあげた方がいいよ。
그 사람 혼자 있고 싶다고 하니까, 그냥 내버려 두는 게 좋아.

단어 리스트

| 魚 생선 | 焼く 굽다 | 充分 충분히, 매우 | 焼ける 구워지다 ‖ 彼 그 사람 | 一人 혼자 | 方 쪽, 편 |

어휘·문형 221 — うつむく
N1 — 머리(고개)를 숙이다

의미 용법

머리를 숙이는, 고개를 숙이는 행위이다.

예문

① うつむいて、しくしくと泣く。
머리를 숙이고 훌쩍훌쩍 운다.

② 怒られている間、ずっと黙ってうつむいていた。
혼나는 동안 계속 말없이 고개를 숙이고 있었다.

어휘·문형 222 — ーきらいがある
N1 — -한 경향이 있다

의미 용법

어떠한 경향이 있음을 나타내는 형식으로 사용된다. 보통 부정적, 좋지 않은 경향을 말한다.

예문

① 部長は物事を大げさに言うきらいがあります。
부장님은 일을 과장해서 말하는 경향이 있습니다.

② 彼はちょっとしたことで、すぐに落ち込んでしまうきらいがある。
그 사람은 사소한 일로 바로 침울해져 버리는 경향이 있다.

단어 리스트

泣く 울다　怒られる 혼나다　間 사이　黙る 말하지 않다 ‖ 部長 부장(님)　物事 일
大げさに 과장해서　言う 말하다　彼 그 사람　落ち込む 침울해 지다

어휘·문형 223 **N1** －ならいざしらず
－라면 몰라도

의미 용법
'–라면 어떨지 모르지만'의 뜻을 전달하는 형식이다.

예문

① 国外ならいざしらず、それは日本では禁止されている。
국외라면 몰라도, 그것은 일본에서는 금지되어 있다.

② 他の人ならいざしらず、私はそんなことができません。
다른 사람이라면 몰라도, 저는 그런 일 못합니다.

어휘·문형 224 **N1** －ばそれまでだ
－하면 그것으로 그만(끝)이다

의미 용법
–하면 그것으로 그만, 끝임을 말한다.

예문

① いくら高いコンピューターを買っても、使わなければ、それまでだ。
아무리 비싼 컴퓨터를 사더라도 쓰지 않으면 그것으로 그만이다.

② カンニングが見つかれば、それまでだ。
커닝이 걸리면 그것으로 끝이다.

단어 리스트

| 国外 국외 | 日本 일본 | 禁止 금지 | 他の人 다른 사람 | 私 나, 저 | 高い 비싸다 | 買う 사다 | 使う 사용하다 | 見つかる 발견되다 |

어휘·문형 225 〔N2〕 －に反して
－와 달리, －에 반해

의미 용법

'－와 달리, －에 반해, －와 반대로, －와 거꾸로' 등과 같은 뜻을 지닌다.

예문

① 予想に反して、楽に勝てました。
예상과 달리 쉽게 이길 수 있었습니다.

② 専門家の予測に反して、景気の回復が遅れている。
전문가의 예측과는 달리 경기 회복이 늦어지고 있다.

어휘·문형 226 〔N2〕 －ものか
－하나 (두고)봐라

의미 용법

문 말에서 반문이나 부정을 강하게 표현하는 형식이다.

예문

① お前なんかに負けるものか。
너 같은 애한테 지나 봐라.

② 二度とあんな高いレストランに行くものか。
두 번 다시 저렇게 비싼 레스토랑에 가나 봐라.

단어 리스트

－に反して －와 달리, －에 반해　予想 예상　楽に 편하게, 쉽게　勝てる 이길 수 있다
専門家 전문가　予測 예측　景気 경기　回復 회복　遅れる 늦어지다 ‖ お前 너
負ける 지다　二度と 두 번 다시　高い 비싸다　行く 가다

어휘·문형 227 N3　−わけにはいかない
−할 수는 없다

의미 용법

하고 싶은 마음은 있지만, 이유가 있어 그 행동을 못 하는 상황을 나타낸다.

예문

① ここで引き下がるわけにはいきません。
여기서 물러날 수는 없습니다.

② 今日は車なので、お酒を飲むわけにはいかない。
오늘을 차가 있어 술을 마실 수는 없다.

어휘·문형 228 N3　−ないわけにはいかない
−하지 않을 수 없다

의미 용법

당연히 해야 함을 나타낸다.

예문

① 明日の飲み会、行きたくないけど、行かないわけにはいかない。
내일 술자리 가고 싶지 않지만 안 갈 수는 없다.

② 社長に頼まれたら、引き受けないわけにはいかない。
사장에게 부탁받으면 맡지 않을 수 없다.

단어 리스트

引き下がる 물러나다　今日 오늘　車 자동차　お酒 술　飲む 마시다　明日 내일　飲み会 술자리　行く 가다　社長 사장　頼まれる 부탁받다　引き受ける 맡다

어휘·문형 229	しわしわ	쭈글쭈글
N2		

의미 용법

쭈그러지거나 구겨져서 주름이 많이 잡힌 모양을 말한다.

예문

❶ シャツがしわしわになってしまった。
　 셔츠가 쭈글쭈글해져 버렸다.

❷ お風呂に長時間浸かっていたら、手がしわしわになった。
　 욕조에 장시간 들어가 있었더니 손이 쭈글쭈글해졌다.

어휘·문형 230	じめじめ	눅눅, 축축
N2		

의미 용법

물기에 젖어 습한 느낌을 가리킨다.

예문

❶ 部屋がじめじめする。
　 방이 눅눅하다.

❷ 今朝は雨が降っていて、じめじめしていますね。
　 오늘 아침은 비가 내려서 습하네요.

단어 리스트

お風呂 욕조　長時間 장시간　浸かる 잠기다　手 손 ‖ 部屋 방　今朝 오늘 아침　雨 비　降る 내리다

어휘・문형 231 （N3） ついに
결국, 드디어, 마침내

의미 용법

어떤 경과가 있고 난 뒤, 마지막에 도달함을 이르는 말이다.

예문

① ついにN1に合格した。
결국 N1에 합격했다.

② ついに夏がやってきました。
드디어 여름이 찾아왔습니다.

어휘・문형 232 （N3） －ずに
－하지 않고, －하지 말고

의미 용법

〈－ないで〉의 딱딱한 표현이다. 〈に〉를 생략할 수 있다.

예문

① レシピを見ずに料理が作れる。
레시피를 보지 않고 요리를 만들 수 있다.

② 失敗を恐れずに挑戦しましょう。
실패를 두려워하지 말고 도전합시다.

단어 리스트

合格 합격 | 夏 여름 ‖ 見る 보다 | 料理 요리 | 作れる 만들 수 있다 | 失敗 실패 | 恐れる 두려워하다 | 挑戦 도전

> **어휘·문형 233**
> **N3**
> # 気をつける
> 조심하다, 주의하다

의미 용법

'조심하다, 주의하다'를 뜻한다.

예문

① 足元に気をつけてください。
발밑을 조심하세요.

② 先生に失礼な言い方をしないように気をつけています。
선생님께 실례가 되는 말을 하지 않도록 주의하고 있습니다.

> **어휘·문형 234**
> **N3**
> # 相変わらず
> 변함없이, 여전히

의미 용법

전과 다름이 없음을 말한다.

예문

① 日本の夏は相変わらず蒸し暑いですね。
일본의 여름은 변함없이 무덥네요.

② 相変わらず、お元気そうですね。
여전히 건강해 보이시네요.

단어 리스트

気をつける 조심하다, 주의하다　足下 발밑　先生 선생님　失礼 실례　言い方 말, 말투
相変わらず 변함없이, 여전히　日本 일본　夏 여름　蒸し暑い 무덥다　元気だ 건강하다

어휘·문형 235 N2 — 思い切り
마음껏, 실컷

의미 용법

'마음대로, 하고 싶은 대로 한껏'의 뜻을 지닌다.

예문

① 恐れずに、思い切りやってみなさい。
두려워하지 말고 마음껏 해봐라.

② 仕事のことは忘れて、思い切り飲みましょう。
일에 관한 것은 잊고 실컷 마십시다.

어휘·문형 236 N2 — ぼうっと
멍함, 흐릿함

의미 용법

안개 낀 것처럼, 희미하고 어렴풋한 모양을 나타낸다.

예문

① 午前中ずっと、ぼうっとしていた。
오전 내내 멍하니 있었다.

② 頭がぼうっとして、集中できない。
머리가 멍해서 집중할 수 없다.

단어 리스트

思い切り 마음껏, 실컷　恐れる 두려워하다　仕事 일　忘れる 잊다　飲む 마시다
午前中 오전 내내　頭 머리　集中 집중

> 어휘·문형 **237**
> N3

−って

−(라)고

[의미 용법]

〈−という, −と思う〉에서 〈と〉와 같은 기능을 갖는다.

[예 문]

❶ 友達なんかいらないって思っていた。
친구 따위 필요 없다고 생각했다.

❷ 知らないって言ったけど、知っていたよ。
모른다고 했으면서 알고 있었다.

> 어휘·문형 **238**
> N3

−って

−라고 하다, −하고 하는

[의미 용법]

〈−という〉와 같은 기능을 갖는다.

[예 문]

❶ 午後から雨が降るって。
오후부터 비가 온대.

❷ どこにいたの？ さっき中田って人が探してたよ。
어디에 있었니? 조금 전에 나카타라는 사람이 찾았었어.

단어 리스트

思う 생각하다　友達 친구　知る 알다　言う 말하다 ‖ 午後 오후　雨 비　降る 내리다
中田 나카타　人 사람　探す 찾다

어휘·문형 239 N3 ーって

―는, ―라 하는 것은

의미 용법

〈ーは, ーというのは, ーとは〉와 같은 기능을 갖는다.

예문

① あなたって本当に優しいですね。
당신은 참 다정하네요.

② コンビニってとても便利だよね。
편의점은 참 편리하네, 그렇지?

어휘·문형 240 N3 ーって

―해도

의미 용법

동사 〈た〉형에 결합하여, 〈ーても〉와 같은 기능을 갖는다.

예문

① 泣いたって許さないよ。
울어도 용서 안 해.

② いくら反対したって、だめです。
아무리 반대해도 안 됩니다.

단어 리스트

本当 정말 　優しい 다정하다, 상냥하다 　便利だ 편리하다 ｜ 泣く 울다 　許す 용서하다
反対 반대

어휘·문형 241 　 －って　　　N3　　　－라니까

의미 용법

〈－ってば〉와 같은 기능을 갖는다.　문 말에서 자신의 의견을 강하게 주장할 때 사용한다.

예문

① おまえなら大丈夫だって。
너라면 괜찮다니까.

② 早く来いって。
빨리 오라니까.

어휘·문형 242 　 －って　　　N3　　　－라고?

의미 용법

상대방의 말을, 되받아 물으면서 확인하는 용법으로 쓰인다.

예문

① え？安倍元首相が撃たれたって？
응? 아베 전 수상이 총에 맞았다고?

② 何？ 知らないって？
뭐? 모른다고?

단어 리스트

大丈夫だ 괜찮다　早く 빨리　来る 오다 ‖ 安倍 아베　元 전　首相 수상　撃たれる 총을 맞다　何 무엇　知る 알다

어휘·문형 243 **N1** 親知らず 사랑니

의미 용법
'사랑니'를 말한다.

예문

① 親知らずが生えてきました。
사랑니가 돋아나왔습니다.

② 親知らずが急に痛み出した。
사랑니가 갑자기 아프기 시작했다.

어휘·문형 244 **N1** －や否や －하자마자

의미 용법
'어떤 동작이 끝나고 곧바로'를 뜻하는 말이다.

예문

① チケットは発売されるや否や、すぐに売り切れてしまった。
티켓은 발매되자마자 바로 매진되어 버렸다.

② デビューするや否や人気グループとなりました。
데뷔하자마자 인기그룹이 되었습니다.

단어 리스트

親知らず 사랑니   生える 생기다   急に 갑자기   痛み出す 아프기 시작하다 ∥ －や否や －하자마자   発売 발매   売り切れる 매진되다   人気 인기

어휘·문형 245
N2

揉む

주무르다

의미 용법

주무르는, 비비며 문지르는 행위를 가리킨다.

예 문

❶ 揉んでも揉んでも肩こりが治らない。
주물러도 주물러도 어깨 결림이 낫지 않는다.

❷ お母さんの肩を揉んであげたことありませんか?
어머니 어깨를 주물러 준 적 없습니까?

어휘·문형 246
N2

振り回す

휘두르다

의미 용법

이리저리 마구 내두르는 행위를 말한다.

예 문

❶ いつも誰かに振り回されてしまう。
항상 누군가에게 휘둘리고 만다.

❷ 彼は力強くバットを振り回した。
그는 힘차게 배트를 휘둘렀다.

단어 리스트

| 揉む 주무르다 | 肩こり 어깨 결림 | 治る 낫다 | お母さん 어머니 | 肩 어깨 | 振り回す 휘두르다 |
| 誰か 누군가 | 彼 그 | 力強く 힘차게 | | | |

어휘·문형 247 — ぶつぶつ (N3)

투덜투덜, 중얼중얼

의미 용법

낮은 목소리로 자꾸 불평하는 모양이다.

예문

① ぶつぶつ文句を言う。
투덜투덜 불평한다.

② 何ぶつぶつ言ってるの?
뭐라 투덜거리고 있는 거니?

어휘·문형 248 — せいにする (N3)

탓하다, 탓으로 돌리다

의미 용법

핑계나 구실로 삼아 원망하거나 나무라는 것을 말한다.

예문

① 他人のせいにするのはやめなさい。
다른 사람 탓하는 거 그만해라.

② 自分の失敗を人のせいにするなんてひどいよ。
자신의 실패를 남의 탓으로 돌리다니 너무하다.

단어 리스트

文句を言う 불평하다 何 무엇 言う 말하다 | 他人 타인 自分 자신 失敗 실패 人 다른 사람, 남

> 어휘·문형 249
> N3
>
> # パーマをかける
>
> 파마하다

의미 용법

머리를 구불구불하게 하거나 곧게 펴서 그런 모양을 지속하게 하는 일을 이른다.

예문

① あら、あなたパーマかけたの？
  어머, 너 파마했니?

② パーマをかけて雰囲気を変えてみたい。
  파마해서 분위기를 바꿔보고 싶어.

> 어휘·문형 250
> N2
>
> # 言葉遣い
>
> 말투, 언어사용

의미 용법

말하는 모양, 됨됨이, 버릇 등을 의미한다.

예문

① 彼女は言葉遣いが荒い。
  그녀는 말투가 거칠다.

② ビジネスでは丁寧な言葉遣いが求められます。
  비즈니스에서는 공손한 언어사용이 요구됩니다.

단어 리스트

| 雰囲気 분위기 | 変える 바꾸다 ‖ 言葉遣い 말투, 언어사용 | 彼女 그녀 | 荒い 거칠다 |
| 丁寧だ 공손하다 | 求められる 요구되다 | | |

어휘·문형 251	ねばねば	끈적끈적
N2		

의미 용법

성질이 끈끈한 것이 계속 들러붙는 모양을 말한다.

예문

① 何かねばねばしたものが手についた。
뭔가 끈적끈적한 것이 손에 묻었다.

② 納豆のねばねばが、韓国人の口に合わないようです。
낫토의 끈적끈적함이 한국인의 입에 맞지 않는 것 같습니다.

어휘·문형 252	にこにこ	생긋생긋, 생글생글
N2		

의미 용법

눈과 입을 살며시 움직이며 소리 없이 가볍게 웃는 모양을 가리킨다.

예문

① どうしたの、にこにこして。
무슨 일이니, 생긋생긋.

② 彼女はいつもにこにこしているので、みんなに好かれている。
그녀는 언제나 생글생글 웃기 때문에 모두로부터 호감을 사고 있다.

단어 리스트

何か 무언가　手 손　納豆 낫토　韓国人 한국인　口 입　合う 맞다 ‖ 彼女 그녀　好く 좋아하다

어휘·문형 253 　 －上に
N2　　　　　　　　　　　　　　　　　　　　　　　　　　－한 데다가

의미 용법

전 건의 내용보다, 한층 더한 사실을 후 건에 덧붙일 때 사용하는 형식이다.

예 문

① あのレストランはおいしい上に、サービスもいい。
저 레스토랑은 맛있는 데다가 서비스도 좋다.

② このアプリは使い方が簡単な上に、無料です。
이 앱은 사용법이 간단한 데다가 무료입니다.

어휘·문형 254 　 物騒
N2　　　　　　　　　　　　　　　　　　　　　　　　　무서움, 섬뜩함, 뒤숭숭함

의미 용법

위험하고 무서운 느낌이 드는 모양이다.

예 문

① そんな物騒なこと言わないで。
그런 무서운 소리 하지 마라.

② 最近、物騒な世の中になりましたね。
요즘 뒤숭숭한 세상이 되었네요.

단어 리스트

－上に －한 데다가　使い方 사용법　簡単だ 간단하다　無料 무료 ‖ 物騒 무서움, 뒤숭숭함
最近 최근, 요즘　世の中 세상

어휘·문형 255 **愚か** — N1
어리석음, 바보스러움

의미 용법
슬기롭지 못하고 아둔한 모습을 나타낸다.

예문

① そんなことをするほど愚かではない。
그런 짓을 할 정도로 어리석지는 않다.

② まだ起こっていないことを心配するのは愚かなことだ。
아직 일어나지 않은 일을 걱정하는 것은 어리석은 일이다.

어휘·문형 256 **せいぜい** — N2
기껏, 겨우, 고작

의미 용법
'아무리 높거나 많게 잡아도, 최대한도로 하여도'와 같은 의미를 지닌다.

예문

① 高くてもせいぜい一万円くらいだろう。
비싸도 기껏해야 만엔 정도일 것이다.

② 仕事に追われて、せいぜい週に一日しか休めません。
일에 쫓겨서 고작 주에 하루밖에 쉴 수 없습니다.

단어 리스트

愚か 어리석음, 바보스러움 | 起こる 일어나다 | 心配 걱정 | 高い 비싸다 | 一万円 만엔
仕事 일 | 追われる 쫓기다 | 週に 주에 | 一日 하루, 1일 | 休む 쉬다

어휘·문형 257 　繰り返す
N3　　반복하다, 되풀이하다

의미 용법

같은 일을 반복하는 행동을 가리킨다.

예문

① 漢字は繰り返して書いた方が覚えやすい。
　한자는 반복해서 쓰는 것이 외우기 쉽다.

② 大切なのは同じミスを繰り返さないことです。
　중요한 것은 같은 실수를 되풀이하지 않는 것입니다.

어휘·문형 258 　ーとしたら
N3　　ー라 하면

의미 용법

가정표현을 나타내는 형식으로 'ー라 가정을 한다면'의 뜻을 지닌다.

예문

① 海外旅行に行くとしたら、アメリカに行きたい。
　해외여행을 간다고 하면 미국에 가고 싶다.

② 宝くじで1億円当たったとしたら、あなたは何に使いますか？
　복권으로 1억엔 당첨되었다고 하면 당신은 무엇에 사용하겠습니까?

단어 리스트

繰り返す 반복하다, 되풀이하다　漢字 한자　書く 쓰다　方 쪽, 편, 것　覚える 외우다
大切だ 중요하다　同じミス 같은 실수 ‖ 海外旅行 해외여행　行く 가다　宝くじ 복권
億 억　円 엔　当たる 당첨되다　何 무엇　使う 사용하다

어휘·문형 259 — ぶらぶら (N3)

어슬렁어슬렁, 빈둥빈둥

의미 용법

흔들거리며 어슬렁어슬렁 걷는 모양, 하는 일 없이 빈둥빈둥 노는 모양 등을 나타낸다.

예문

1. 日本橋あたりをぶらぶらと歩いた。
   니혼바시 근처를 어슬렁어슬렁 걸었다.

2. 仕事もせずに毎日ぶらぶらしている。
   일도 하지 않고 매일 빈둥거리고 있다.

어휘·문형 260 — こぼれる (N3)

쏟아지다, 넘쳐흐르다

의미 용법

어떤 범위나 한계를 넘어 내용물이 넘쳐흐르는 것을 말한다.

예문

1. 中身がこぼれないように気を付けてください。
   내용물이 쏟아지지 않도록 조심하세요.

2. 思わず涙がこぼれそうになりました。
   저도 모르게 눈물이 쏟아질 뻔했습니다.

단어 리스트

日本橋 니혼바시　歩く 걷다　仕事 일　毎日 매일　中身 내용물　気を付ける 조심하다
思わず 저도 모르게　涙 눈물

어휘·문형 261 　 －やら －やら 　 —와—, —하고—
N2

[의미 용법]

여러 가지 중에서 일부를 열거하며 설명할 때 사용하는 형식이다.

[예문]

① コンビニでジュースやらおにぎりやらを買ってきた。
　 편의점에서 주스와 주먹밥을 사 왔다.

② レポートやら試験やらで、今月は忙しくなりそうです。
　 리포트하고 시험으로 이번 달은 바빠질 것 같습니다.

어휘·문형 262 　 儲ける 　 돈을 벌다
N2

[의미 용법]

투자나 사업 등으로 금전적 이익을 얻는 것을 말한다.

[예문]

① 儲けるチャンスが来た。
　 돈을 벌 기회가 왔다.

② 部長は株で大きく儲けたそうです。
　 부장님은 주식으로 크게 돈을 벌었다고 합니다.

단어 리스트

買う 사다　試験 시험　今月 이번 달　忙しい 바쁘다　儲る 돈을 벌다　来る 오다
部長 부장님　株 주식　大きく 크게

어휘·문형 263 — 悔いる
N1 — 뉘우치다, 후회하다

의미 용법
스스로 자기 잘못을 깨닫고 마음속으로 뉘우치는 모습이다.

예문

① 彼は過去の過ちを深く悔いている。
그는 과거의 잘못을 깊이 뉘우치고 있다.

② やるだけのことはやったから、悔いはない。
할 만큼 했으니, 후회는 없다.

어휘·문형 264 — 寝苦しい
N1 — 잠자기 힘들다

의미 용법
고통, 더위 등으로 잠들기 어려운, 잠을 잘 자지 못하는 상태를 가리킨다.

예문

① 昨夜は暑くて寝苦しかったです。
어젯밤은 더워서 잠을 잘 자지 못하였습니다.

② 寝苦しくて何度も寝返りを打った。
잠자기 힘들어 몇 번이나 몸을 뒤척였다.

단어 리스트

悔いる 뉘우치다, 후회하다　彼(かれ) 그　過去(かこ) 과거　過(あやま)ち 잘못　深(ふか)く 깊이　悔(く)い 후회
寝苦(ねぐる)しい 잠자기 힘들다　昨夜(さくや) 어젯밤　暑(あつ)い 덥다　何度(なんど)も 몇 번이나　寝返(ねがえ)りを打(う)つ 몸을 뒤척이다

어휘·문형 265 — N2
知らん顔をする
모른 척하다

의미 용법
어떤 행동이나 상태를 모르는 것처럼 행동하는 것을 뜻한다.

예문

① あの人に何を言われても、知らん顔をしていればいいよ。
저 사람에게 무슨 소리를 들어도 모른 척하고 있으면 돼.

② 知らん顔をしているけれど、本当は知っているに違いありません。
모른 척하고 있어도 실은 알고 있음이 분명합니다.

어휘·문형 266 — N2
終止符を打つ
종지부를 찍다

의미 용법
'마침표를 찍다, 끝장을 내다'를 의미한다.

예문

① 犯人逮捕で事件に終止符が打たれた。
범인 체포로 사건에 종지부가 찍혔다.

② ついに終止符を打つ時がやってきた。
드디어 종지부를 찍을 때가 왔다.

단어 리스트

知らん顔をする 모른 척하다 人 사람 何 무엇 言う 말하다 本当 정말, 사실 知る 알다 違いありません 분명합니다, 틀림 없습니다 ‖ 終止符を打つ 종지부를 찍다 犯人逮捕 범인 체포 事件 사건 時 때

어휘·문형 267 · N3 がっかり — 실망

의미 용법

실망하거나 낙담하는 모양을 이르는 말이다.

예문

① 君をがっかりさせたくない。
너를 실망하게 하고 싶지 않다.

② 期待しすぎたせいか、ちょっとがっかりした。
너무 기대한 탓인지, 살짝 실망했다.

어휘·문형 268 · N3 空っぽ — 텅 빔, 아무것도 없음

의미 용법

아무것도 없이 비어있는 상태를 말한다.

예문

① 井上さんがいないので、心が空っぽになったようです。
이노우에 씨가 없으니, 마음이 텅 빈 것 같습니다.

② とりあえず、頭を空っぽにして、少し休みたい。
우선 머리를 비우고 조금 쉬고 싶다.

단어 리스트

君 너　期待 기대　空っぽ 텅 빔, 아무것도 없음　井上 이노우에　心 마음　頭 머리　少し 조금　休む 쉬다

어휘·문형 269	召し上がる	드시다
N4		

의미 용법

〈たべる, のむ〉의 높임말이다.

예문

❶ ご自由にお召し上がりください。
  편안하게 드세요.

❷ こちらでお召し上がりですか? それともお持ち帰りですか?
  여기서 드시겠습니까? 아니면 가져가시겠습니까?

어휘·문형 270	ぴかぴか	반짝반짝, 번쩍번쩍
N3		

의미 용법

광택이 나는 모양을 나타낸다.

예문

❶ 靴をぴかぴかに磨く。
  구두를 반짝반짝 닦는다.

❷ 洗車したばかりなので、車がぴかぴかに光っている。
  방금 세차했기 때문에, 자동차가 반짝반짝 빛나고 있다.

단어 리스트

召し上がる 드시다 自由に 자유롭게, 편안하게 持ち帰る 가져가다 ‖ 靴 구두 磨く 닦다 洗車 세차 車 자동차 光る 빛나다

> 어휘·문형 **271**
> **N1**
> # 些細
> 사소함, 시시함, 하찮음

의미 용법

보잘것없거나 중요하지 않음을 일컫는 말이다.

예문

❶ 些細なミスが大きな問題につながることもある。
사소한 실수가 큰 문제로 이어지는 일도 있다.

❷ 昨日、些細なことで中村さんと口喧嘩をしました。
어제 사소한 일로 나카무라 씨와 말다툼했습니다.

> 어휘·문형 **272**
> **N1**
> # 介護
> 간호, 간병

의미 용법

앓는 사람이나 다친 사람을 돌보는 행위를 말한다.

예문

❶ 寝たきりの祖母の介護をしています。
몸져누운 할머니의 간호를 하고 있습니다.

❷ 毎日母の介護に追われて息が詰まりそうです。
매일 어머니 간병에 쫓겨서 숨이 막힐 것 같습니다.

단어 리스트

些細 사소함, 시시함, 하찮음　大きな 큰　問題 문제　昨日 어제　中村 나카무라　口喧嘩 말다툼 ‖ 介護 간호, 간병　寝たきり 몸져누움　祖母 할머니　毎日 매일　母 어머니　追われる 쫓기다　息 숨　詰まる 막히다

> **어휘 · 문형 273**
> **N2**
>
> ―つつある
>
> 점점 ―지고 있다

[의미 용법]

동사 〈ます〉형에 결합하여, 동작이나 작용의 점진적 진행 과정을 나타내는 형식이다.

[예 문]

❶ ショートカットの人気が高まりつつある。
 쇼트커트의 인기가 점점 높아지고 있다.

❷ まだ痛みはあるけど、最近よくなりつつあるよ。
 아직 통증은 있지만, 요즘 점점 나아지고 있어.

> **어휘 · 문형 274**
> **N2**
>
> ビビる
>
> 겁먹다, 졸다, 주눅들다

[의미 용법]

겁을 먹거나 기를 펴지 못하는 모습이다.

[예 문]

❶ そんなにビビらないでよ。
 그렇게 겁먹지 마.

❷ 強がっているけど、実は内心ビビっている。
 강한 체하고 있지만 사실은 내심 졸아 있다.

단어 리스트

| 人気 인기 | 高まる 높아지다 | 痛み 통증 | 最近 최근, 요즘 | 強がる 강한 체하다 | 実は 사실은 | 内心 내심 |

어휘·문형 275 **N3** 怠ける
게을리하다

의미 용법

행동이 느리고 일하기 싫어하여 제대로 하지 않는 태도나 버릇을 나타내는 말이다.

예문

① 勉強を怠けてはいけない。
공부를 게을리해서는 안 된다.

② 怠けてばかりいて、何もしない。
게으름만 피우고 아무것도 하지 않는다.

어휘·문형 276 **N3** -たまま
-한 채(로)

의미 용법

같은 상태가 변하지 않고 그대로 유지되며 이어지는 것을 나타내는 형식이다.

예문

① コンタクトレンズをつけたまま寝てしまった。
콘택트렌즈를 낀 채로 자 버렸다.

② 寒くてエンジンをかけたまま、車の中で待っていました。
추워서 시동을 건 채, 차 안에서 기다리고 있었어요.

단어 리스트

怠(なま)ける 게을리하다　勉強(べんきょう) 공부　何(なに)も 아무것도 ‖ 寝(ね)る 자다　寒(さむ)い 춥다　車(くるま) 자동차　中(なか) 안
待(ま)つ 기다리다

어휘·문형 277 　軽々　　N2
가볍게, 가뿐히

의미 용법

별로 힘들이지 않고 쉽게 하는 모양을 말한다.

예문

① 予選を軽々と通過した。
　예선을 가볍게 통과했다.

② 彼は力持ちで、どんなに重い物も軽々と持ち上げる。
　그는 힘이 세서 어떤 무거운 물건도 가뿐히 들어 올린다.

어휘·문형 278 　無駄足　　N2
헛걸음, 헛수고

의미 용법

헛수고만 하고 가거나 오는 것을 말한다.

예문

① 無駄足をさせてしまった。
　헛걸음을 하게 해 버렸다.

② 無駄足にならないように、ちゃんとアポを取っておきなさい。
　헛걸음이 되지 않도록, 확실히 약속을 잡아 놓아라.

단어 리스트

軽々 가볍게, 가뿐히　予選 예선　通過 통과　彼 그　力持ち 힘이 셈, 힘이 센 사람　重い 무겁다　物 물건　持ち上げる 들어올리다 ‖ 無駄足 헛걸음, 헛수고　アポを取る 약속을 잡다

어휘·문형 279 · N2 — －に決まっている

분명히, 틀림없이 －하다

의미 용법
조금도 어긋나는 일이 없이 분명함을 나타내는 형식으로 쓰인다.

예문

① 後悔するに決まっている。
   분명히 후회할 것이다.

② ウソに決まっている。ホントのことを言いなさい。
   거짓말임이 틀림없다. 사실대로 말해라.

어휘·문형 280 · N2 — ほっつき歩く

싸돌아다니다

의미 용법
여기저기 마구 돌아다니는 동작을 가리킨다.

예문

① 子供の頃から、一人でほっつき歩くことが好きだった。
   어릴 때부터 혼자 싸돌아다니는 것을 좋아했다.

② お前、どこをほっつき歩いてんだ?
   너 어디를 싸돌아다니는 거니?

단어 리스트

－に決まっている 분명히 틀림없이 －하다　後悔 후회　言う 말하다 ‖ ほっつき歩く 싸돌아다니다　子供の頃 어릴 때　一人 혼자　好きだ 좋아하다　お前 너

어휘·문형 281 　揃いも揃って
N1 　하나같이, 모두, 다

의미 용법
모인 것이 모두 다 같은 상태인 모양을 나타낸다.

예문

❶ なんでみんな揃いも揃って社会情勢に興味がないの?
　왜 모두 하나같이 사회정세에 관심이 없는 거니?

❷ 揃いも揃ってイケメンばかりだ。
　모두 꽃미남뿐이다.

어휘·문형 282 　きりきり
N1 　콕콕, 쿡쿡

의미 용법
머리나 배가 바늘로 찌르듯 아픈 상태를 나타내는 말이다.

예문

❶ みぞおちの辺りに、きりきりと差し込むような痛みがあります。
　명치 근처에 콕콕 찌르는 듯한 통증이 있습니다.

❷ ストレスで胃がきりきりと痛む。
　스트레스로 위가 쿡쿡 아프다.

단어 리스트

揃いも揃って 하나같이, 모두, 다　社会 사회　情勢 정세　興味 흥미
みぞおち(みずおち)の辺り 명치 언저리　差し込む 지르다, 쑤시다　痛み 통증　胃 위
痛む 아프다

> 어휘·문형 283
> N2
しゃきしゃき
아삭아삭

의미 용법

채소류를 입으로 씹을 때 나는 경쾌한 소리를 가리킨다.

예문

① もやしが太くてしゃきしゃきしていて美味しい。
숙주나물이 굵고, 아삭아삭해서 맛있다.

② りんごのしゃきしゃきとした食感が好きです。
사과의 아삭아삭한 식감을 좋아합니다.

> 어휘·문형 284
> N2
－たて
막 －한, 갓 －한

의미 용법

동사〈ます〉형＋〈たて〉의 형태로 이제 막 그 동작이 완료되었음을 나타낸다. 새로움이나 신선함을 강조하는 형식으로 많이 사용된다.

예문

① 揚げたての天ぷらが食べたい。
막 튀긴 튀김을 먹고 싶다.

② 焼きたての食パンは大変おいしいです。
갓 구운 식빵은 아주 맛있습니다.

단어 리스트

| 太い 굵다 | 美味しい 맛있다 | 食感 식감 | 好きだ 좋아하다 | 揚げる 튀기다 | 天ぷら 튀김 |
| 食べる 먹다 | 焼く 굽다 | 食パン 식빵 | 大変 아주 | | |

어휘 · 문형 285 　済ませる　　끝내다
N3

의미 용법

'끝내다, 마치다, 해결하다'의 뜻을 지닌다.

예문

❶ 昼食をおにぎり一つで済ませました。
점심을 주먹밥 하나로 때웠습니다.

❷ 宿題を早く済ませておけば良かっただろうが。
숙제를 빨리 끝내 두면 좋았을 텐데.

어휘 · 문형 286　　臭い　　냄새가 나다
N3

의미 용법

안 좋은 냄새가 나는 상태를 이르는 말이다.

예문

❶ この部屋、なんかタバコ臭くない？
이 방, 왠지 담배 냄새나지 않아?

❷ 汗臭い。シャワー浴びてこいよ。
땀 냄새 난다. 샤워하고 와라.

단어 리스트

済ませる 끝내다　昼食 점심　一つ 하나　宿題 숙제　早く 빨리　良い 좋다 ‖ 臭い 냄새가 나다　部屋 방　汗 땀　シャワー(を)浴びる 샤워를 하다

어휘·문형 287 **N2**

ついでに

―하는 김에, ―하는 기회에

의미 용법

어떤 일을 하는 기회나 계기를 말한다.

예문

① 駅まで行くのなら、ついでにタバコを買ってきてくれないか?
역까지 가는 거라면, 가는 김에 담배 좀 사다 주지 않을래?

② コンビニに行ったついでに、ATMでお金を下ろした。
편의점에 간 김에 ATM에서 돈을 찾았다.

어휘·문형 288 **N2**

ぐずぐず

꾸물꾸물, 우물쭈물

의미 용법

판단이나 행동이 느리고 굼뜬 모습이다.

예문

① ぐずぐずしていると、電車に乗り遅れるよ。
꾸물꾸물하면 전차를 놓친다.

② 何をぐずぐずしているんだ。早く行くぞ。
뭘 우물쭈물하고 있는 거야. 빨리 가자.

단어 리스트

駅 역　行く 가다　買う 사다　お金 돈　下ろす 내려뜨리다, 찾다　電車 전차
乗り遅れる 놓치다　何 무엇　早く 빨리

어휘 · 문형 289 〔N1〕 －てしかるべきだ   당연히 －해야 하다

의미 용법

어떤 행동이나 상태가 당연히 이루어져야 함을 나타내는 형식이다.

예문

① あってしかるべきものがない。
   당연히 있어야 할 것이 없다.

② この行動は非難されてしかるべきだ。
   이 행동은 비난받아 마땅하다.

어휘 · 문형 290 〔N1〕 －であれ －であれ   －든 －든

의미 용법

두 가지를 열거하여 양쪽 모두를 가리킨다.

예문

① 彼がお金持ちであれ貧乏であれ、私は彼のことが好きです。
   그 사람이 부자이든 가난하든, 나는 그 사람이 좋습니다.

② コーヒーであれジュースであれ、飲み物なら何でもいい。
   커피든 주스든 음료수라면 뭐든 괜찮다.

단어 리스트

行動 행동 非難 비난 ‖ 彼 그 사람 お金持ち 부자 貧乏だ 가난하다 私 나 好きだ 좋아하다 飲み物 음료수 何 무엇

어휘·문형 291 けらけら
N2 깔깔

의미 용법

높은 톤의 가벼운 웃음소리를 일컫는다. 〈げらげら〉는 〈けらけら〉보다 한층 묵직한 느낌의 웃음소리이다.

예문

① 少女たちがけらけらと笑っている。
소녀들이 깔깔거리며 웃고 있다.

② テレビを見ながら子供はけらけら、父親はげらげら笑っている。
TV를 보면서 아이는 깔깔, 아빠는 껄껄거리며 웃고 있다.

어휘·문형 292 ーておくれ
N2 -해 주렴

의미 용법

조금 고풍스럽거나 문학적 느낌이 있는 표현으로, 〈ーてくれ〉보다 다소 부드러운 느낌의 부탁을 나타낸다.

예문

① もう少し待っておくれ。
조금만 더 기다려주렴.

② 君の考えを聞かせておくれ。
네 생각을 들려주렴.

단어 리스트

少女 소녀　笑う 웃다　見る 보다　子供 아이　父親 아빠 ‖ 少し 조금　待つ 기다리다
君 너　考え 생각　聞かせる 들려주다

어휘·문형 293 　八つ当たり
N2　　　　　　　　　　　　　　　　　　　　　　　　화풀이, 분풀이

의미 용법

다른 사람에게 분하고 원통한 마음을 푸는 행위를 뜻하는 관용구이다.

예문

① 俺に八つ当たりするなんて最低だ。
　나에게 화풀이하다니 최악이다.

② 子供に八つ当たりしている自分が嫌でたまりません。
　아이에게 화풀이하는 나 스스로가 너무 싫습니다.

어휘·문형 294 　さっさと
N3　　　　　　　　　　　　　　　　　　　　　　　　빨리빨리, 척척

의미 용법

망설이거나 지체하지 않은 모습을 말한다.

예문

① ぐずぐずしないで、さっさと仕事をしなさい。
　꾸물꾸물하지 말고, 빨리빨리 일을 해라.

② 帰りたい人はさっさと帰れ。
　집에 가고 싶은 사람은 빨리빨리 가라.

단어 리스트

八つ当たり 화풀이, 분풀이　俺 나　最低だ 최악이다　子供 아이　自分 자기 자신　嫌だ 싫다 ‖ 仕事 일　帰る 집에 가다, 귀가하다　人 사람

어휘·문형 295 　-そうだ　　-해 보인다
N4

의미 용법

형용사 어간에 접속하여 겉모습이나 상태를 추정한다.

예문

❶ このハムはおいしそうだ。
　이 햄은 맛있어 보인다.

❷ お元気そうで何よりです。
　건강해 보여서 무엇보다 다행입니다.

어휘·문형 296　さっき　　아까, 조금 전
N4

의미 용법

아까, 조금 전의 뜻을 갖는다.

예문

❶ さっきまでここにいたんだけど、どこ行ったんだろう?
　아까까지 여기 있었는데 어디 갔지?

❷ お前、さっきと言っていることが違わない?
　너 조금 전과 말하는 게 다르지 않니?

단어 리스트

元気だ 건강하다　何よりです 무엇보다 다행입니다(기쁩니다, 좋습니다)　行く 가다　お前 너　言う 말하다　違う 다르다

어휘·문형 297 うまくいく
N4 — 잘 되어 가다

의미 용법
일이 순조롭게 잘 진행되고 잘 풀리는 모습이나 상태를 나타낸다.

예문

① 恋愛がうまくいく秘訣を教えてください。
   연애를 잘하는 비결을 가르쳐 주세요.

② ここのところ、彼氏とはうまくいってるの？
   요즘, 남자 친구하고는 잘 지내는 거니?

어휘·문형 298 いい加減
N3 — 적당함, 알맞음

의미 용법
적당한 모습이나 상태를 가리키는 말이다.

예문

① いい加減に起きなさい。
   적당히 자고 그만 일어나라.

② 君たち、ふざけるのもいい加減にしなさい。
   너희들 까부는 것도 좀 정도껏 해라.

단어 리스트

恋愛 연애 秘訣 비결 教える 가르치다 彼氏 남자 친구 ∥ いい加減 적당함, 알맞음
起きる 일어나다 君たち 너희들

어휘·문형 299 　こつこつ　　N2　　꾸준히

의미 용법

조금씩 성실하게 계속해서 노력하는 모습을 이르는 말이다.

예문

① 私の長所は、最後まであきらめず、こつこつと努力するところです。
저의 장점은 끝까지 포기하지 않고 꾸준히 노력하는 것입니다.

② 老後のことを考えて、こつこつお金を貯めている。
노후를 생각해서 꾸준히 돈은 모으고 있다.

어휘·문형 300 　おっかない　　N1　　무섭다

의미 용법

'무섭다, 두렵다'의 뜻을 지닌다.

예문

① 久々におっかない夢を見た。
오랜만에 무서운 꿈을 꾸었다.

② 君んちのお母さん、おっかなくない?
너희 집 어머니 무섭지 않니?

단어 리스트

私 나　長所 장점　最後 최후　努力 노력　老後 노후　考える 생각하다　お金 돈　貯める 모으다, 저축하다 ‖ 久々に 오랜만에　夢を見る 꿈을 꾸다　君んち 너희 집　お母さん 어머니

어휘·문형 301 — 今一 (N2)
조금, 살짝

의미 용법

기대한 바와는 달리, 뭔가 조금 모자라거나 아쉬울 때 사용하는 말이다.

예문

1. 使い方が今一分からない。
   사용법을 정확히 모르겠다.

2. このスープの味、今一だ。
   이 수프 맛이 뭔가 살짝 아쉽다.

어휘·문형 302 — 長居 (N2)
오래 머물러 있음

의미 용법

오랫동안 가지 않고 눌러앉아 있음을 뜻한다.

예문

1. 申し訳ありません。すっかり長居してしまいました。
   죄송합니다. 너무 오래 눌러앉아 버렸네요.

2. なかなか面白かったので、すっかり長居をしてしまった。
   너무 재미있어서 꽤 오래 머물러 버렸다.

단어 리스트

今一(いまいち) 조금, 살짝 使い方(つかいかた) 사용법 分(わ)かる 알다 味(あじ) 맛 長居(ながい) 오래 머물러 있음 申(もう)し訳(わけ)ありません 죄송합니다 面白(おもしろ)い 재미있다

어휘·문형 303 · N2 : 煮込む — 푹 끓이다

의미 용법
열을 가해, 계속해서 끓이거나 삶는 것을 가리킨다.

예문

① お肉が柔らかくなるまで、弱火でじっくり煮込んでください。
고기가 부드러워질 때까지 약불로 천천히 푹 끓여 주세요.

② スープをことことと煮込む。
수프를 보글보글 푹 끓인다.

어휘·문형 304 · N1 : ーなり ーなり — -든 -든

의미 용법
예시를 제시하고, 그중에서 어떤 것을 선택하든 상관없음을 나타내는 형식이다. 조금 딱딱한 표현이다.

예문

① パンなりおにぎりなり食べて行きなさい。
빵이든 주먹밥이든 먹고 가라.

② 困った時には、父なり母なりに相談することだ。
힘들 때는 아버지든 어머니든 상담하도록 해라.

단어 리스트

煮込む 푹 끓이다　お肉 고기　柔らかい 부드럽다　弱火 약불　食べる 먹다　行く 가다
困る 곤란하다, 힘들다　時 때　父 아버지　母 어머니　相談 상담, 상의

어휘·문형 305 [N1] －ともあろうものが　　－라는 사람이

의미 용법

사회적 지위, 역할, 책임이 있는 사람이 그에 어울리지 않는 행동했을 때 비판, 실망, 놀람 등의 느낌을 담아 '－라는 사람이'의 뜻으로 사용한다.

예문

① 弁護士ともあろうものが、犯罪に関わっていたなんて。
　　변호사라는 사람이 범죄와 관련되어 있었다니.

② 先生ともあろうものが、そんなことを言うなんて信じられない。
　　선생이라는 사람이 그런 말을 한다니 믿을 수 없다.

어휘·문형 306 [N1] －ならともかく　　－라면 몰라도

의미 용법

전자의 경우는 허용 범위에 있지만, 후자의 경우는 허용이 불가함을 나타낸다.

예문

① 君ならともかく、俺はそんなことをしない。
　　너라면 몰라도 나는 그런 일을 하지 않는다.

② 小学生ならともかく、高校生がこんな漢字も読めないのか?
　　초등학생이라면 몰라도 고등학생이 이런 한자도 못 읽는 거니?

단어 리스트

弁護士 변호사　犯罪 범죄　関わる 관련되다　先生 선생　言う 말하다　信じられる 믿을 수 있다　君 너　俺 나　小学生 초등학생　高校生 고등학생　漢字 한자　読める 읽을 수 있다

어휘·문형 307	こりこり	오도독오도독, 오들오들
N1		

의미 용법

탄력이 있어 조금 질긴 모습을 묘사하거나, 그런 질감의 음식을 씹는 소리를 나타낸다.

예문

① こりこりした食感がたまらない。
오도독오도독하는 식감이 너무 좋다.

② フグのようにこりこりしていて美味しい。
복어처럼 오들오들해서 맛있다.

어휘·문형 308	さばさば	홀가분함, 시원시원함
N1		

의미 용법

홀가분한 모양, 시원시원한 모양을 말한다.

예문

① ごたごたが片付いて、さばさばした。
복잡한 일이 해결되어 홀가분해졌다.

② あの人は細かいことをあまり気にしない、さばさばした性格だ。
저 사람은 작은 일을 그다지 신경 쓰지 않는 시원한 성격이다.

단어 리스트

食感 식감　美味しい 맛있다　片付く 정리되다, 해결되다　細かい 작다　気にする 신경 쓰다　性格 성격

어휘·문형 309 　N1　 －並み　　　－정도, －급

의미 용법

같은 정도를 이르는 말이다.

예문

❶ 高級ホテル並みの食事サービスを提供します。
　고급 호텔 정도의 식사 서비스를 제공합니다.

❷ あの人はアマチュアとはいえ、プロ並みの実力をもっている。
　저 사람은 아마추어라고는 해도 프로급의 실력을 갖추고 있다.

어휘·문형 310 　N2　 －にあたって　　　－에 즈음하여

의미 용법

특정한 때에 다다르거나, 그러한 때를 맞이할 때 사용한다.

예문

❶ 新学期にあたって、新しい学習計画を立てました。
　신학기에 즈음하여 새로운 학습계획을 세웠습니다.

❷ 彼は新年を迎えるにあたって、たばこをやめることにした。
　그는 신년을 맞이함에 즈음하여 담배를 끊기로 했다.

단어 리스트

－並み －정도, －급　　高級 고급　　食事 식사　　提供 제공　　人 사람　　実力 실력 ‖ 新学期 신학기　　新しい 새롭다　　学習 학습　　計画 계획　　立てる 세우다　　彼 그　　新年 신년　　迎える 맞이하다

어휘·문형 311 N1 －にかまける

－에 정신이 팔리다

의미 용법

자신이 해야 할 일을 잊을 정도로, 무언가에 정신이 쏠리는 모습을 말한다.

예문

① そんなことにかまけている暇なんかないよ。
그런 거에 정신 팔렸을 시간 따위 없어.

② 遊びにかまけて仕事がちっとも進まない。
노는데 정신이 팔려서 일이 전혀 진행되지 않는다.

어휘·문형 312 N1 くたばる

녹초가 되다, 뻗다

의미 용법

'몹시 지치다, 녹초가 되다, 뻗다, 죽다' 등의 뜻을 지닌다. 속된 표현이다.

예문

① 悪いけどもう一歩も歩けない。くたばったよ。
미안하지만 한 걸음도 더 걸을 수 없어. 완전 녹초가 됐어.

② こんなことでくたばってたまるもんか。
이런 일로 나가떨어지다니 말이 되냐.

단어 리스트

暇 짬, 틈, 여유, 시간　遊び 놀이　仕事 일　進む 진행되다　悪い 나쁘다, 미안하다　一歩 한 걸음　歩く 걷다

어휘·문형 313 | −(さ)せられる | 억지로 −하게 하다
N2

의미 용법

원하지 않았지만, 누군가에 의해 어떤 행위를 하게 된 상황을 나타내는 사역 수동 표현이다.

예문

① 親に野菜を食べさせられた。
   부모님이 억지로 채소를 먹게 했다.

② カラオケで部長に歌を歌わせられた。
   가라오케에서 부장님이 억지로 노래하게 했다.

어휘·문형 314 | しこしこ | 쫄깃쫄깃
N2

의미 용법

씹는 맛이 아주 찰지고 쫄깃한 느낌을 가리킨다.

예문

① つるつる、しこしこの麺が好きです。
   반들반들하고 쫄깃쫄깃한 면을 좋아합니다.

② この店のうどんは、しこしことこしがあっておいしい。
   이 가게 우동은 쫄깃쫄깃 탄력이 있어 맛있다.

단어 리스트

親 부모님　野菜 야채, 채소　食べる 먹다　部長 부장님　歌 노래　歌う 노래하다 ‖ 麺 면
好きだ 좋아하다　店 가게

어휘·문형 315 N3 　ーごと　ー(통)째로

의미 용법
대상 전체 포함을 나타내는 형식이다.

예문

① これは骨ごと食べられる魚です。
이것은 뼈 통째로 먹을 수 있는 생선입니다.

② 彼はりんごを皮ごと食べる。
그는 사과를 껍질째 먹는다.

어휘·문형 316 N3 　ーはしない　(절대, 결코) ー하지 않다

의미 용법
동사〈ます〉형에 결합하여 부정을 나타낸다. 화자의 감정이나 의도가 강하게 반영된 부정 강조 표현 형식이다. 〈ーやしない〉라 하기도 한다.

예문

① この屈辱を決して忘れはしない。
이 굴욕을 절대로 잊지는 않겠다.

② そんなこと、誰も信じやしないよ。
그런 거 아무도 안 믿어.

단어 리스트

骨 뼈　食べる 먹다　魚 생선　彼 그　皮 껍질　｜　屈辱 굴욕　決して 결코　忘れる 잊다　誰 누구　信じる 믿다

어휘·문형 317 — 我に返る
N2 — 정신을 차리다, 제정신이 들다

의미 용법

일시적으로 정신을 잃은, 또는 어딘가에 몰입한 상태에서 제정신으로 돌아옴을 나타내는 관용구이다.

예문

① やっと我に返った。
겨우 정신을 차렸다.

② ふと我に返ると、聞き覚えのない駅名がアナウンスされていた。
문득 정신이 들자, 처음 듣는 역 이름이 안내 방송으로 흘러나왔다.

어휘·문형 318 — —にしてみれば
N2 — —가 보았을 때

의미 용법

'—입장, —측면에서 보았을 때'의 뜻을 갖는다.

예문

① 初心者にしてみれば、この説明は難しすぎる。
초보자가 보았을 때, 이 설명은 너무 어렵다.

② 私にしてみれば、それは大した問題ではない。
내가 보았을 때, 그것은 큰 문제가 아니다.

단어 리스트

我に返る 정신을 차리다, 제 정신이 들다 ∥ 聞き覚えのない 들은 적이 없는, 처음 듣는 ∥ 駅名 역명, 역 이름 ∥ 初心者 초보자 ∥ 説明 설명 ∥ 難しすぎる 너무 어렵다 ∥ 私 나 ∥ 大した問題 큰 문제

어휘・문형 319 · N1

しずしず

조용히

의미 용법

조용하고 정숙한 모양을 묘사하는 말이다.

예문

① 彼は何も言わず、しずしずと部屋を出て行った。
그는 아무 말 없이 조용히 방을 나갔다.

② 着物を着た美しい娘が、しずしずとお茶を運んできた。
기모노를 입은 아름다운 아가씨가 조용히 차를 날라왔다.

어휘・문형 320 · N1

ーにせよ

ー든(지)

의미 용법

동작이나 상태를 나열하여 'ー든(지)'의 뜻을 나타낸다.

예문

① いずれにせよ、俺が決めることだ。
어쨌든 내가 결정할 일이다.

② どこに行くにせよ、行き先は知らせてください。
어디에 가든, 가는 곳은 알려주세요.

단어 리스트

彼 그　何も言わず 아무 말 없이　部屋 방　出る 나가다　行く 가다　着物 기모노　着る 입다　美しい 아름답다　娘 아가씨　お茶 차　運ぶ 나르다　俺 나　決める 결정하다　行き先 가는 곳, 행선지　知る 알다

어휘·문형 321 　 −に足りる
N1 　　　　　　　　　　　　　　　　　　　　　　　　　　　−할 만하다

의미 용법

할 만한 가치가 있음을 나타내는 형식이다.

예문

❶ 彼は信頼に足りる人物だ。
　그 사람은 신뢰할 만한 인물이다.

❷ 素人が書いた小説だが、一読するに足りる。
　아마추어가 쓴 소설이지만 한번 읽어볼 만하다.

어휘·문형 322 　 −につき
N1 　　　　　　　　　　　　　　　　　　　　　　　　　−이므로, −기 때문에

의미 용법

격식 있는 이유를 표현하는 형식이다. 문어적 표현으로 공적인 문서나 간판 등에 자주 사용된다.

예문

❶ 本日は定休日につき、休業させていただきます。
　오늘은 정기 휴일이므로 휴업합니다.

❷ 私有地につき、駐車はご遠慮ください。
　사유지이므로 주차는 삼가십시오.

단어 리스트

−に足りる −할 만하다　彼 그 사람　信頼 신뢰　人物 인물　素人 아마추어　書く 쓰다
小説 소설　一読 일독, 한번 읽어 봄 ‖ 本日 오늘　定休日 정기 휴일　休業 휴업　私有地
사유지　駐車 주차　遠慮 하지 않음, 사양

어휘·문형 323 N2 ーにつれて
―에 따라

의미 용법

무언가를 따르거나, 동반하거나 할 때 사용하는 형식이다.

예문

① 暗くなるにつれて、いっそう寒くなった。
날이 어두워짐에 따라 더욱 추워졌다.

② 円高が続くにつれて、海外からの対日批判が高まっています。
엔화 가치상승이 계속됨에 따라 해외로부터의 대일 비판이 고조되고 있습니다.

어휘·문형 324 N2 抜きにして
빼고, 없이

의미 용법

'빼고, 없이, 제외하고, 제쳐두고'와 같은 의미를 담는다.

예문

① 韓国料理はキムチを抜きにしては語れない。
한국요리는 김치를 빼고는 말할 수 없다.

② 前置きは抜きにして、さっそく本題に入ることにします。
서론은 빼고 바로 본론에 들어가도록 하겠습니다.

단어 리스트

暗い 어둡다　寒い 춥다　円高 엔고, 엔화 가치상승　続く 계속되다　海外 해외　対日批判 대일 비판　高まる 고조되다 ‖ 抜きにして 빼고, 없이　韓国 한국　料理 요리　語れる 말할 수 있다　前置き 서론　本題 본론　入る 들어가다

> 어휘·문형 325
> **N1**
> # ふとしたはずみで
> 우연히, 어쩌다가 그만

의미 용법

'뜻밖에, 우연히'의 뜻을 지닌다.

예 문

❶ ふとしたはずみで彼女と知り合った。
　우연히 그녀와 서로 알게 되었다.

❷ ふとしたはずみで俳優になった。
　어쩌다가 그만 배우가 되었다.

> 어휘·문형 326
> **N1**
> # －分には
> －하는 정도는

의미 용법

정도, 수준, 한도 등을 나타내는 형식으로 쓰인다.

예 문

❶ A: お金足りる？　B: うん、アイスクリームを買う分には大丈夫だよ。
　A: 돈 충분해?　B: 응, 아이스크림 살 정도는 괜찮아.

❷ 見る分には構わないけど、触るのはだめです。
　보는 정도는 상관없지만, 만지는 것은 안 됩니다.

단어 리스트

彼女(かのじょ) 그녀　知り合う(しりあう) 서로 알다　俳優(はいゆう) 배우 ‖ －分には(ぶんには) －하는 정도는　お金(かね) 돈　足りる(たりる) 족하다, 충분하다　買う(かう) 사다　大丈夫だ(だいじょうぶだ) 괜찮다　見る(みる) 보다　構う(かまう) 상관하다, 관계하다　触る(さわる) 만지다

어휘·문형 327 — ずきずき
N2 지끈지끈, 욱신욱신

의미 용법
지끈지끈 욱신욱신 쑤시듯이 아픈 모양을 나타낸다.

예문

① 頭がずきずきする。
머리가 지끈지끈 아프다.

② 昨日の夜から、ずきずきと虫歯が痛む。
어젯밤부터 욱신욱신 충치가 아프다.

어휘·문형 328 — ーべきだ
N2 -해야 하다

의미 용법
'그렇게 하는 것이, 마땅하고 당연한 느낌이나 감정'을 전달하는 형식이다.

예문

① 約束は守るべきだ。
약속은 지켜야 한다.

② いかなる理由があろうとも、これは許されるべきではない。
어떠한 이유가 있더라도 이것은 용서받아서는 안 된다.

단어 리스트

頭 머리 · 昨日 어제 · 夜 밤, 저녁 · 虫歯 충치 · 痛む 아프다 · 約束 약속 · 守る 지키다
理由 이유 · 許す 용서하다

어휘·문형 329 **N1** －放題
제멋대로, 마음대로 －함

의미 용법

〈たい〉 또는 동사〈ます〉형에 결합하여 제멋대로, 마음대로, 하고 싶은 대로 하는 것을 나타낸다.

예문

① お前、やりたい放題だな。
너, 제멋대로구나.

② 最近は食べ放題、飲み放題の店が増えている。
최근에는 마음대로 먹고 마음대로 마시는 가게가 늘고 있다.

어휘·문형 330 **N1** －たまでだ
－했을 뿐이다

의미 용법

'특별한 의도 없이, 단지 －했을 뿐이다'라고 말하고 싶을 때 사용하는 형식이다.

예문

① やるべきことをやったまでだ。
해야 할 일을 했을 뿐이다.

② 上司の指示に従って計画を実行したまでです。
상사의 지시에 따라 계획을 실행했을 뿐입니다.

단어 리스트

－放題 제멋대로, 마음대로 －함 | お前 너 | 最近 최근 | 食べる 먹다 | 飲む 마시다 | 店 가게 | 増える 늘다 ‖ 上司 상사 | 指示 지시 | 従う 따르다 | 計画 계획 | 実行 실행

어휘·문형 331 〔N1〕 －(よ)うが －(よ)うが   －하든 －하든

의미 용법

앞 내용이 어떻든, 관계없음을 말하는 형식이다.

예문

① 成功しようが失敗しようが、チャレンジする時に人は成長する。
성공하든 실패하든 도전할 때 사람은 성장한다.

② 友だちに笑われようがバカにされようが、私はこの道を選ぶ。
친구에게 웃음거리가 되든 바보 취급을 받든 나는 이 길을 택하겠다.

어휘·문형 332 〔N1〕 勘弁   봐줌, 용서, 관용

의미 용법

봐줌, 용서, 관용을 일컫는 말이다.

예문

① トイレ掃除だけはマジで勘弁してほしい。
화장실 청소만은 정말로 봐줬으면 좋겠다.

② ほんとうに金ないんだよ、オレ。もう勘弁してくれよ。
나 진짜 돈 없어. 그만 좀 봐줘라.

단어 리스트

| 成功 성공 | 失敗 실패 | 時 때 | 人 사람 | 成長 성장 | 友だち 친구 | 笑われる 웃음거리가 되다 |
| 私 나 | 道 길 | 選ぶ 선택하다 | 勘弁 봐줌, 용서 | 掃除 청소 | 金 돈 |

어휘·문형 333 — わりと **N2**
생각보다, 보기보다, 비교적

의미 용법

생각보다 정도가 살짝 웃돌거나 밑도는 상태를 이르는 말이다.

예문

❶ この店、わりと安いですね。
이 가게 생각보다 싸군요.

❷ 君、わりとウブなんだね。
너, 보기보다 순진하구나.

어휘·문형 334 — あっという間 **N2**
눈 깜짝할 사이, 순식간

의미 용법

매우 짧은 순간을 일컫는다.

예문

❶ 本当に欲しかったのに、あっという間に売り切れてしまった。
정말 갖고 싶었는데 눈 깜짝할 사이에 매진되어 버렸다.

❷ なんだかんだで、あっという間に休みの日が終わってしまった。
이런저런 일로 순식간에 휴일이 지나가 버렸다.

단어 리스트

| 店 가게 | 安い 싸다 | 君 너 | あっという間 눈 깜짝할 사이, 순식간 | 本当に 정말 |
| 欲しい 원하다, 갖고 싶다 | 売り切れる 매진되다 | 休みの日 휴일 | 終わる 끝나다 | |

어휘·문형 335 下手(を)したら
N2 — 잘못하면, 자칫하면

의미 용법

'잘못하면, 자칫하면, 운이 안 좋으면'이라는 의미를 지닌다. 〈下手(を)すれば, 下手(を)すると〉라 하기도 한다.

예문

① 下手したら、事故になるところだった。
  잘못하면 사고가 날 뻔했다.

② 下手すれば、自分にも法的責任が回ってくる。
  자칫하면 나에게도 법적 책임이 돌아온다.

어휘·문형 336 ただじゃおかない
N5 — 가만두지 않겠다

의미 용법

'가만두지 않겠다'라는 뜻을 지니며, 화자의 강한 의지가 담긴다.

예문

① 覚えてろよ。ただじゃおかないぞ。
  두고 봐라. 가만두지 않을 거야.

② ちゃんと勉強して合格しないと、ただじゃおかないよ。
  열심히 공부해서 합격 못 하면 가만두지 않는다.

단어 리스트

下手(を)したら, 下手(を)すれば, 下手(を)すると 잘못하면, 자칫하면　事故になる 사고가 나다　自分 자신　法的 법적　責任 책임　回る 돌다 ‖ 覚える 기억하다　勉強 공부　合格 합격

어휘·문형 337 なしにする
N2 — 없던 것으로 하다, 없이 하다

의미 용법

무언가를 없던 것으로 하거나, 없이 할 때 사용한다.

예문

❶ その計画はなしにして、別の方法を考えてみます。
그 계획은 없던 것으로 하고, 다른 방법을 생각해 보겠습니다.

❷ 隠し事はなしにしようって約束しただろう?
숨기는 일 없기로 (하자고) 약속했지?

어휘·문형 338 −た −た
N2 — −해라 −해

의미 용법

동사 〈た〉형의 반복 형태로 명령을 나타내는 형식으로 사용된다.

예문

❶ さあさあ、安いよ。買った、買った。
자, 싸다! 사세요, 사세요.

❷ もう十分だよ。さあ、帰った、帰った。
이제 충분하다. 자 집에 가라, 가.

단어 리스트

計画 계획　別の方法 다른 방법　考える 생각하다　隠し事 숨기는 일　約束 약속
安い 싸다　買う 사다　十分だ 충분하다　帰る 집에 가다

어휘·문형 339 （N1）　もってのほか　　　말도 안 됨

의미 용법
'말도 안 됨, 터무니없음, 어림도 없음, 언어도단' 등을 뜻한다.

예문

① 彼が浮気するなんて、もってのほかだ。
그 사람이 바람을 피우다니 말도 안 된다.

② 俺にうそをつくとは、もってのほかだ。
나한테 거짓말을 한다니 말도 안 된다.

어휘·문형 340 （N1）　たかだか　　　고작, 기껏

의미 용법
고작(해야), 기껏(해야) 등의 뜻을 가지며, 어떤 수량이나 가치를 작게 평가하거나 하찮게 여길 때 사용하는 말이다.

예문

① たかだか一回のミスでクビになるなんて、とんでもない。
고작 한 번 실수로 해고라니, 터무니없다.

② たかだか二日や三日であきらめるなんて、根性がないね。
고작 2-3일에 포기하다니 근성이 없네.

단어 리스트

彼 그 사람　浮気する 바람을 피우다　俺 나 ‖ 一回 한 번　二日 2일　三日 3일　根性 근성

어휘·문형 341 −(よ)うものなら N2

−라도 했다가는

의미 용법

어떤 일을 가정하고, 그 일을 하면 안 좋은 결과가 뒤따름을 경고하는 표현이다. 후 건에는 부정적 내용이 온다.

예문

① 会議中に居眠りしようものなら、上司にひどく怒られる。
  회의 중에 졸기라도 했다가는 상사에게 심하게 혼난다.

② 一分でも遅れようものなら、先生に叱られるだろう。
  1분이라도 늦기라도 했다가는 선생님께 꾸중을 들을 것이다.

어휘·문형 342 だぶだぶ N2

헐렁헐렁

의미 용법

주로 옷이 헐렁헐렁하고 느슨한 상태를 말한다.

예문

① そのだぶだぶのTシャツ、よく似合っているよ。
  그 헐렁헐렁한 티셔츠 잘 어울린다.

② この服は大きすぎてだぶだぶです。
  이 옷은 너무 커서 헐렁헐렁합니다.

단어 리스트

会議中(かいぎちゅう) 회의 중 居眠りする(いねむりする) 졸다 上司(じょうし) 상사 怒られる(おこられる) 혼나다 一分(いっぷん) 1분 遅れる(おくれる) 늦다
先生(せんせい) 선생님 叱られる(しかられる) 꾸중을 듣다 ‖ 似合う(にあう) 어울리다 服(ふく) 옷 大きすぎる(おおきすぎる) 너무 크다

> 어휘 · 문형 343
> N2

ひっくりかえる

뒤집히다, 엎어지다

의미 용법

뒤집히는, 엎어지는 동작을 나타낸다.

예문

① 風で傘がひっくりかえってしまった。
　바람이 불어 우산이 뒤집혀 버렸다.

② そんなことは天地がひっくりかえったって、起こるわけがない。
　그런 일은 천지가 뒤집혀도 일어날 리가 없다.

> 어휘 · 문형 344
> N1

皮切り

시작, 출발

의미 용법

시작, 시초, 출발점을 나타내는 말이다.

예문

① 東京公演を皮切りに、全国ツアーが始まります。
　도쿄 공연을 시작으로 전국 투어가 시작됩니다.

② 太鼓の合図を皮切りに、祭りの行列が続いた。
　북 신호를 시작으로 축제 행렬이 계속되었다.

단어 리스트

風 바람　傘 우산　天地 천지　起こる 일어나다　‖　皮切り 시작, 출발　東京 도쿄　公演 공연
全国 전국　始まる 시작되다　太鼓 북　合図 신호　祭り 축제　行列 행렬　続く 이어지다

어휘・문형 345 **余儀なくされる** — 어쩔 수 없이 –하게 되다
N1

의미 용법

어쩔 수 없이, 부득이 –하게 됨을 나타낸다. 목적격 조사 〈を〉를 취한다.

예문

① 経営難に陥り、廃業を余儀なくされた。
경영난에 빠져, 어쩔 수 없이 폐업하게 되었다.

② 交通事故により、一時帰国を余儀なくされた。
교통사고로 어쩔 수 없이 일시 귀국하게 되었다.

어휘・문형 346 **ちゃっかり** — 약삭빠르게
N1

의미 용법

눈치가 빠르거나, 잇속에 맞게 재빠르게 행동하는 모습을 가리킨다.

예문

① 案外ちゃっかりしている。
의외로 약삭빠르다.

② あんなにずるくてちゃっかりした奴は初めて見たよ。
저렇게 교활하고 약삭빠른 놈은 처음 봤다.

단어 리스트

余儀なくされる 어쩔 수 없이 –하게 되다	経営難 경영난	陥る 빠지다	廃業 폐업	交通 교통	事故 사고
一時 일시	帰国 귀국 ‖ 案外 의외로	奴 놈	初めて 처음	見る 보다	

어휘·문형 347 きびきび — N2 — 빠릿빠릿

의미 용법

행동이 시원스럽고 활기차며 빈틈없는 모양을 나타낸다.

예문

① 彼女はきびきびと仕事をする。
그녀는 빠릿빠릿하게 일을 한다.

② だらだらしていないで、きびきび動きなさい。
질질대지 말고 빠릿빠릿 움직여라.

어휘·문형 348 チクる — N2 — 고자질하다

의미 용법

몰래 일러바치는 행동을 이르는 말이다.

예문

① 先生にチクるなんて最低だよ。
선생님께 고자질하다니 최악이다.

② 心配すんなよ。チクらないから。
걱정하지 마. 고자질 안 할 테니까.

단어 리스트

彼女 그녀　仕事 일　動く 움직이다 ｜ 先生 선생님　最低 최저, 최악　心配 걱정

어휘·문형 349 　なんだかんだ言っても　　뭐니 뭐니 해도
N1

(의미 용법)

'이러쿵저러쿵, 뭐라 뭐라 말해 보아도'라는 의미를 나타낸다.

(예 문)

① なんだかんだ言っても、やっぱり基本が大切だよね。
　　뭐니 뭐니 해도 역시 기본이 중요하지, 그렇지?

② 札幌ってなんだかんだ言ってもラーメンですよね。
　　삿포로는 뭐니 뭐니 해도 라면이지요, 그렇지요?

어휘·문형 350　　拗ねる　　삐지다
N2

(의미 용법)

감정이 상하여 삐지거나 토라지는 모습을 묘사하는 말이다.

(예 문)

① なんで拗ねているの？
　　왜 삐진 거니?

② 彼女はちょっとしたことで、すぐ拗ねる。
　　그녀는 사소한 일로 잘 삐진다.

단어 리스트

なんだかんだ言っても 뭐니 뭐니 해도　基本 기본　大切だ 중요하다　札幌 삿포로
拗ねる 삐지다　彼女 그녀

> **어휘 · 문형 351**
> **N1**
> # しらばくれる
> 시치미를 떼다, 모르는 척하다

의미 용법

알면서도 시치미를 떼거나, 일부러 모르는 척하는 태도를 의미한다.

예 문

① しらばくれるなよ。見ていればわかる。
시치미 떼지 마라. 보면 알아.

② まだしらばくれる気か?
그래도 시치미를 뗄 작정이니?

> **어휘 · 문형 352**
> **N2**
> # すやすや
> 새근새근

의미 용법

작은 숨 소리를 내며 편안하게 자는 모양을 나타낸다.

예 문

① チワワちゃんがすやすやしている。かわいすぎる。
치와와가 새근새근 자고 있다. 너무 귀엽다.

② 子供がすやすやと気持ちよさそうに眠っている。
아이가 새근새근 기분 좋은 듯 잠들어 있다.

단어 리스트

見る 보다　気 기분, 생각, 마음　子供 아이　気持ち 기분　眠る 잠자다, 잠들다

어휘·문형 353 | 手を引く
N2 — 손을 떼다, 그만두다

의미 용법

하던 일을 중도에 그만두는 것을 나타내는 관용구이다.

예 문

① 僕はこのプロジェクトから手を引くことにした。
나는 이 프로젝트에서 손을 떼기로 했다.

② 君の気持ちは分かるが、どうか手を引いてほしい。
네 마음은 알겠는데, 좀 손을 떼 줬으면 좋겠어.

어휘·문형 354 | 腕によりをかける
N1 — 정성, 솜씨, 실력을 다하다

의미 용법

정성, 솜씨, 실력을 발휘한다는 의미를 지니는 관용구이다.

예 문

① 腕によりをかけた手料理です。どうぞ。
정성을 다해 직접 만든 요리입니다. 어서 드세요.

② 腕によりをかけて美味しい料理を作る。
솜씨를 발휘해서 맛있는 요리를 만들다.

단어 리스트

手を引く 손을 떼다, 그만두다　僕 나　君 너　気持ち 기분　分かる 알다 ‖
腕によりをかける 정성, 솜씨, 실력을 다하다　手料理 직접 만든 요리, 손수 만든 요리
美味しい 맛있다　料理 요리　作る 만들다

> 어휘·문형 355
> N2
> # きょろきょろ
> 두리번두리번

의미 용법

침착하지 못한 상태로 주위를 둘러보는 모양을 말한다.

예 문

① テスト中にきょろきょろよそ見をしてはいけません。
시험 중에 두리번두리번 딴 곳을 보면 안 됩니다.

② さっきから何をきょろきょろしてんだよ。
아까부터 뭘 두리번거리는 거야.

> 어휘·문형 356
> N2
> # 山が当たる
> 예상이 적중하다

의미 용법

시험, 도박 등에서 예상이 딱 들어맞는 것을 의미하는 관용구이다.

예 문

① 山が当たって嬉しかった。
예상이 딱 들어맞아서 기뻤다.

② テストで山が当たったよ。ラッキー。
시험에서 예상이 적중했어. 운이 좋았지.

단어 리스트

テスト中 테스트 중　よそ見をする 다른 곳을 보다, 한눈을 팔다　何 무엇　山が当る 예상이 적중하다　嬉しい 기쁘다

어휘 · 문형 357
N2 近々 조만간, 곧

의미 용법

조만간, 곧, 머지않아 등을 뜻한다.

예문

① 近々食事にでも行きましょう。
조만간 식사라도 하러 갑시다.

② 近々お会いできることを楽しみにしております。
곧 뵐 수 있기를 기대하고 있겠습니다.

어휘 · 문형 358
N1 いかんにかかわらず 여부와 관계없이

의미 용법

'그러함과 그러하지 아니함과 관계없이'를 뜻하는 관용구이다.

예문

① 天候のいかんにかかわらず、花火大会は開催されます。
날씨 여부와 관계없이 불꽃놀이는 개최됩니다.

② 出身国のいかんにかかわらず、応募できます。
출신국 여부와 관계없이 응모할 수 있습니다.

단어 리스트

| 近々 조만간, 곧 | 食事 식사 | 行く 가다 | お会いできる 뵐 수 있다 | 楽しみにする 기대하다 |
| 天候 날씨 | 花火大会 불꽃놀이 | 開催 개최 | 出身国 출신국 | 応募 응모 |

어휘・문형 359 — 納める (N2)

납부하다, 내다

의미 용법

세금, 수업료, 회비 등을 납부할 때 사용하는 말이다. 〈収める〉는 '거두다, 넣다, 담는다'를 의미한다.

예문

① 保険料を3ヶ月分まとめて納めた。
보험료를 3개월분 한꺼번에 납부했다.

② 国会議員であろうが公務員であろうが、税金は納めなければならない。
국회의원이든 공무원이든 세금은 내야 한다.

어휘・문형 360 — いかに (N1)

아무리

의미 용법

〈いかに -ても、いかに -(よ)うが〉와 같은 역접 표현에서 '아무리'의 뜻을 지닌다.

예문

① いかに難しい問題でも、解けない問題はない。
아무리 어려운 문제라도 풀 수 없는 문제는 없다.

② 彼がいかに困ろうが、私の知ったことではない。
그가 아무리 곤란하더라도 내가 알 바 아니다.

단어 리스트

納める 납부하다, 내다　収める 거두다, 넣다　保険料 보험료　3ヶ月分 3개월분　国会議員 국회의원　公務員 공무원　税金 세금 ┃ 難しい 어렵다　問題 문제　解ける 풀 수 있다　彼 그　困る 곤란하다　私 나　知る 알다

어휘·문형 361 N1 －たら最後

일단 －하기만 하면

의미 용법

'일단 무언가를 하면 그걸 끝으로 돌이킬 수 없음'을 나타내는 형식으로, 부정적 결과를 암시한다. 〈－たが最後〉라고도 한다.

예문

① ユッケビビンバにハマったら最後、しばらく抜け出せません。
   일단 육회비빔밥에 빠지면 당분간 빠져나올 수 없습니다.

② それを言ったが最後、君たち二人の友情は完全に壊れてしまうよ。
   일단 그것을 말하기만 하면 너희 두 사람의 우정은 완전히 깨지고 말 거야.

어휘·문형 362 N2 ちりぢり

뿔뿔이 흩어짐

의미 용법

모여 있던 것이 뿔뿔이 흩어짐을 의미한다.

예문

① 家族がちりぢりになったのは、俺のせいだというのか?
   가족이 뿔뿔이 흩어진 것은, 내 탓이란 말인 거니?

② 烏たちが驚いてちりぢりに逃げ去った。
   까마귀들이 놀라서 뿔뿔이 흩어져 도망갔다.

단어 리스트

－たら最後, －たが最後 일단 －하기만 하면　抜け出す 빠져나가다, 빠져나오다　言う 말하다　君 너　二人 두 사람　友情 우정　完全に 완전히　壊れる 깨지다 ‖ 家族 가족　俺 나　烏 까마귀　驚く 놀라다　逃げ去る 도망가다

어휘·문형 363 — かたわら

N1 — ―하면서, ―함과 동시에

의미 용법

주된 활동 외에 다른 활동도 병행한다는 뜻을 나타낸다.

예문

① 妻は育児のかたわら、ネットショップを運営している。
아내는 육아하면서 인터넷 쇼핑몰을 운영하고 있다.

② 彼女は仕事をするかたわら、ボランティア活動をしている。
그녀는 일을 하면서 자원봉사 활동을 하고 있다.

어휘·문형 364 — つやつや

N2 — 반들반들

의미 용법

반지르르 광택이 나는 모습이다.

예문

① 顔がつやつやしている。
얼굴이 반들반들하다.

② このりんご、つやつやしていておいしそうだ。
이 사과, 반들반들 윤이 나는 게 맛있어 보인다.

단어 리스트

妻(つま) 아내 | 育児(いくじ) 육아 | 運営(うんえい) 운영 | 彼女(かのじょ) 그녀 | 仕事(しごと) 일 | 活動(かつどう) 활동 | 顔(かお) 얼굴

어휘·문형 365 　−たところで
N1　　−한다 해도, −해 보았자

의미 용법
어떤 행동을 아무리 해도 의미가 없거나 상황이 바뀌지 않음을 나타내는 역접 표현 형식이다. 후건은 보통 부정형이 온다.

예문
① 反対したところで、状況は変わらない。
　반대한다 해도, 상황은 변하지 않는다.

② 後悔したところで、今更どうにもならない。
　후회해 보았자, 인제 와서 어떻게 되지 않는다.

어휘·문형 366 　傷口
N2　　상처, 아픈 곳, 흠

의미 용법
다쳐서 상처를 입은 자리를 가리킨다.

예문
① 傷口がふさがるまで入浴はできません。
　상처가 아물 때까지 목욕은 할 수 없습니다.

② 指を切ってしまった。傷口にしみて、手を洗おうにも洗えない。
　손가락을 베어 버렸다. 상처가 아려서 손을 씻으려 해도 씻을 수가 없다.

단어 리스트
反対 반대　状況 상황　変わる 바뀌다　後悔 후회　今更 인제 와서, 새삼스럽게 ‖ 傷口 상처, 아픈 곳, 흠　入浴 목욕　指を切る 손가락을 베다　手 손　洗う 씻다

어휘·문형 367 — たりとも
N1 — 단 −도

의미 용법
부정문과 함께 쓰여서 '−하지 않다'를 강조할 때 사용한다.

예문

① 一歩たりとも下がるな。
단 한 걸음도 물러서지 마라.

② 今は一分たりともおろそかにできない。
지금은 단 1분도 소홀히 할 수 없다.

어휘·문형 368 — −てからというもの
N1 — −하고 나서 계속, 쭉

의미 용법
어떤 동작을 하고 나서 그 변화가 계속해서 이어질 때 사용하는 형식이다.

예문

① 彼女と別れてからというもの、元気がない。
여자 친구와 헤어지고 나서 계속 기운이 없다.

② この仕事を始めてからというもの、ろくに眠る暇もない。
이 일을 시작하고 나서 쭉 제대로 잠잘 틈도 없다.

단어 리스트

一歩 한 걸음　下がる 물러서다　今 지금　一分 1분　彼女 여자 친구　別れる 헤어지다
元気がない 기운이 없다　仕事 일　始める 시작하다　眠る 잠자다　暇 틈

어휘·문형 369 | つるつる
N2 — 반들반들, 미끈미끈

의미 용법
반들반들 매끈매끈하게 광택이 나는 모양, 또는 미끈미끈 미끄러지는 모양 등을 나타낸다.

예문
① この石、つるつるしている。
이 돌 반들반들 윤이 난다.

② つるつる路面に気をつけましょう。
미끈미끈한 길바닥을 조심합시다.

어휘·문형 370 | 辛抱
N1 — 참음, 인내, 견딤

의미 용법
어려움이나 괴로움을 참고 견디는 것을 뜻한다.

예문
① ダイエット中は、ただ辛抱するしかない。
다이어트 중에는 그냥 참을 수밖에 없다.

② 辛抱が足りない。もっと頑張りなさい。
참을성이 부족하다. 더 열심히 해라.

단어 리스트
石 돌 路面 노면, 길 바닥 気をつける 조심하다 ‖ 辛抱 참음, 인내, 견딤 ダイエット中 다이어트 중 足りない 부족하다 頑張る 열심히 하다

어휘·문형 371 [N2] ビンタを食らう
따귀를 맞다

의미 용법
'뺨을 맞다, 따귀를 맞다'를 의미한다.

예문

① 浮気がバレて、彼女にビンタを食らった。
바람피우는 것을 들켜서 여자 친구에게 따귀를 맞았다.

② ほんとうにビンタを食らうとは思ってもいなかった。
진짜 따귀를 맞을 줄은 생각지도 못했다.

어휘·문형 372 [N1] 皮肉る
풍자하다, 비꼬다, 빈정거리다

의미 용법
말이나 행동 등을 어긋나게 하며 빈정거리는 것을 말한다.

예문

① これは現代社会の矛盾を皮肉った絵です。
이것은 현대 사회의 모순을 풍자한 그림입니다.

② そんなに皮肉らないでください。
그렇게 빈정거리지 말아 주세요.

단어 리스트

ビンタを食らう 따귀를 맞다　浮気 바람 피우는 것　彼女 여자 친구　思う 생각하다
皮肉る 풍자하다, 비꼬다, 빈정거리다　現代 현대　社会 사회　矛盾 모순　絵 그림

어휘·문형 373 —てやまない
N1　　진심으로 –하다

[의미 용법]

'간절히 –해 마지않다, 진심으로 –하다'의 뜻으로 쓰이는 형식이다.

[예문]

① 私は彼女の成功を願ってやまない。
　나는 그녀의 성공을 진심으로 바란다.

② 先生の病気が早く治ることを祈ってやみません。
　선생님 병이 빨리 낫기를 진심으로 기원합니다.

어휘·문형 374 —といったところだ
N1　　대략 –정도이다

[의미 용법]

수량사에 결합하여 화자의 눈대중에 의한 주관적 판단을 나타내는 형식이다.

[예문]

① 締切まであと三週間といったところです。
　마감까지 앞으로 대략 3주 정도 남았습니다.

② 時給は900円から1000円といったところだ。
　시급은 대략 900엔에서 1,000엔 정도이다.

[단어 리스트]

私 나　彼女 그녀　成功 성공　願う 바라다, 원하다　先生 선생님　病気 병　早く 빨리
治る 낫다　祈る 기원하다 ‖ 締切 마감　三週間 3주　時給 시급　円 엔

어휘 · 문형 375 なみなみ
N2 찰랑찰랑

의미 용법

물 따위가 잔물결을 이루며 넘칠 듯이 가득한 모양을 일컫는다.

예 문

① お風呂のお湯がなみなみだ。
욕조에 따뜻한 물이 찰랑찰랑하다.

② コップにお酒をなみなみと注ぐ。
컵에 술을 찰랑찰랑하게 따른다.

어휘 · 문형 376 染みる
N1 배다, 스며들다, 아프다

의미 용법

액체, 기체 등이 스며들어 가는 것을 말한다. 스며드는 대상이 상처 또는 눈일 경우에는 통증을 나타내기도 한다.

예 문

① 肉じゃがはじっくり煮込むほどに味が染みる。
고기 감자조림은 푹 삶을수록 양념이 잘 밴다.

② 玉ねぎを切る時、目に染みて涙が出るのはなぜでしょう?
양파를 썰 때 눈이 아려서 눈물이 나오는 것은 왜일까요?

단어 리스트

お風呂 욕조   お湯 따뜻한 물   お酒 술   注ぐ 따르다   染みる 배다, 스며들다, 아프다
肉じゃが 고기 감자조림   煮込む 삶다   味が染みる 맛이 배다, 양념이 잘 배다   玉ねぎ 양파
切る 자르다, 썰다   時 때   目 눈   涙 눈물   出る 나오다

어휘·문형 377 　もどかしい　N2
답답하다, 갑갑하다

의미 용법
답답하거나 갑갑한 마음을 이르는 말이다.

예문

① プロジェクトの遅れが続き、もどかしい思いをしている。
　프로젝트의 지연이 계속되어 마음이 답답하다.

② うまく表現できなくてもどかしい。
　잘 표현하지 못 해 갑갑하다.

어휘·문형 378 　おごる　N3
사 주다, 한턱내다

의미 용법
누군가에게 음식, 음료 등을 대접하는 행위를 말한다.

예문

① おごってくれてありがとう。次は俺がおごるよ。
　사줘서 고마워. 다음은 내가 살게.

② 今度何かおごれよ。
　조만간 한턱내라.

단어 리스트

遅れ 지연　続く 계속되다　思いをする 생각, 기분, 마음이 들다　表現 표현　次 다음　俺 나　今度 다음, 조만간　何か 무언가

어휘·문형 379	ドタキャン	갑자기 취소함
N2		

의미 용법

약속이나 예약 등을 갑자기 취소하는 행위를 일컫는다.

예문

① 初デートをドタキャンされて、ショックだった。
첫 데이트를 갑자기 취소당해서 충격이었다.

② すごく楽しみにしていたのに、ドタキャンするなんて酷いと思わない？
무척 기대하고 있었는데, 갑자기 취소하다니 너무하다 생각하지 않니?

어휘·문형 380	にやにや	히죽히죽
N2		

의미 용법

입을 벌리지 않고 실실 웃는 모습을 묘사하는 말이다.

예문

① あの人、さっきからにやにやしている。
저 사람 아까부터 히죽거리고 있다.

② なにをにやにやしているんだよ。何かあったのか？
뭘 히죽거리고 있는 거야. 무슨 일이 있었니?

단어 리스트

初デート 첫 데이트　　楽しみにする 기대하다　　酷い 심하다　　思う 생각하다　　人 사람
何か 무언가, 무슨 일

어휘·문형 381
N1

癒し系

힐링이 되는 스타일

의미 용법

힐링이 되는, 사람 마음을 편안하게 해 주는 스타일을 이른다.

예문

① スイーツとコーヒーが楽しめる癒し系カフェをご紹介します。
달콤한 디저트와 커피를 즐길 수 있는 힐링 카페를 소개해 드리겠습니다.

② 私はセクシーな女性より、癒し系の女性が好きです。
저는 섹시한 여성 보다, 편안함을 주는 스타일의 여성이 좋습니다.

어휘·문형 382
N2

中途半端

어중간함

의미 용법

어떤 일이 어중간하고 애매한 상태를 이른다.

예문

① 中途半端でも、何もしないよりはマシだね。
어중간해도 아무것도 안 하는 것보다는 낫지.

② 彼は何をやらせても中途半端だ。
그는 무엇을 시켜도 어중간하다.

단어 리스트

癒し系 힐링이 되는 스타일　楽しめる 즐길 수 있다　紹介 소개　私 나　女性 여성　好きだ 좋아하다 ‖ 中途半端 어중간함　何も 아무것도　彼 그　何を 무엇을

어휘·문형 383 — ぬるぬる (N2)

미끈미끈

의미 용법

미끈미끈 미끄러운 상태를 나타낸다.

예문

① 床がぬるぬるしている。気をつけて。
바닥이 미끈미끈하다. 조심해.

② うなぎはぬるぬるしていて、つかまえるのが大変だ。
장어는 미끈거려서 붙잡는 게 힘들다.

어휘·문형 384 — −にひきかえ (N1)

−와 달리

의미 용법

'−와 달리'를 뜻하며, 대비되는 두 내용을 나열할 때 사용하는 형식이다.

예문

① まじめな兄にひきかえ、弟は遊んでばかりいる。
성실한 형과 달리 동생은 놀기만 한다.

② 昨年にひきかえ、今年の梅雨は長いですね。
작년과 달리 올 장마는 기네요.

단어 리스트

床(ゆか) 마루, 바닥　気(き)をつける 조심하다　大変(たいへん)だ 힘들다　兄(あに) 형　弟(おとうと) (남)동생　遊(あそ)ぶ 놀다
昨年(さくねん) 작년　今年(ことし) 올해　梅雨(つゆ) 장마　長(なが)い 길다

어휘·문형 385 　－にもまして　　－보다도 더
N1

의미 용법

'-보다도 더욱'을 뜻하며, 상태나 정도를 비교하여 강조할 때 사용한다.

예문

① 彼は誰にもまして、努力を惜しまない人だ。
　그는 누구보다도 더 노력을 아끼지 않는 사람이다.

② 例年にもまして、暑いですね。
　예년보다도 더 덥군요.

어휘·문형 386 　－ばこそ　　－때문에
N1

의미 용법

원인, 이유를 강조하는 형식이다.

예문

① 愛すればこそ、叱るんだよ。
　사랑하기 때문에 혼내는 거야.

② 厳しく言うのは、君のことを心配していればこそだ。
　엄하게 말하는 것은 너를 걱정하고 있기 때문이다.

단어 리스트

| 彼 그 | 誰 누구 | 努力 노력 | 惜しむ 아끼다 | 人 사람 | 例年 예년 | 暑い 덥다 | 愛する 사랑하다 | 叱る 혼내다 | 厳しい 엄하다 | 言う 말하다 | 君 너 | 心配する 걱정하다 |

어휘·문형 387 **ねじ伏せる** (N2)
팔을 비틀어 엎어누르다, 억누르다

의미 용법

'팔을 비틀어 엎어누르다, 강제로 굴복시키다, 억누르다'를 뜻한다.

예문

① 警官は泥棒を地面にねじ伏せた。
　경찰은 도둑을 지면에 팔을 비틀어 엎어눌렀다.

② 感情をねじ伏せて知らないふりをする。
　감정을 억누르고 모르는 척한다.

어휘·문형 388 **裏腹** (N1)
(겉과 속이) 다름, 모순됨

의미 용법

겉과 속이 서로 어긋남을 나타내는 말이다.

예문

① 本心と裏腹なことを言ってしまった。
　본심과 다른 말을 해 버렸다.

② 彼は「大丈夫だ」と言ったが、言葉とは裏腹に手が震えていた。
　그는 괜찮다고 했지만, 말과 달리 손이 떨리고 있었다.

단어 리스트

ねじ伏(ふ)せる 팔을 비틀어 엎어누르다, 억누르다　警官(けいかん) 경찰　泥棒(どろぼう) 도둑　地面(じめん) 지면, 땅　感情(かんじょう) 감정　知(し)る 알다 ‖ 裏腹(うらはら) 다름, 모순됨　本心(ほんしん) 본심　言(い)う 말하다　彼(かれ) 그　大丈夫(だいじょうぶ)だ 괜찮다　言葉(ことば) 말　手(て) 손　震(ふる)える 떨리다

어휘·문형 389	やりきれない	끝까지 해낼 수 없다, 참을 수 없다
N2		

의미 용법

끝까지 해낼 수 없음, 참을 수 없음을 나타낸다.

예문

① 今日中に一人ではやりきれません。
   오늘 중으로 혼자서는 다 해낼 수 없습니다.

② やりきれない気持ちでいっぱいです。
   참을 수 없는 마음으로 가득합니다.

어휘·문형 390	ーものを	-련만, -것을, -텐데
N1		

의미 용법

문 말에 위치하여 유감, 애석함, 불만 등의 감정을 담는 형식이다.

예문

① もっと早く言ってくれればよかったものを。
   조금 더 빨리 말해 주었으면 좋았으련만.

② 元彼のことなんて、忘れてしまえばいいものを。
   전 남자 친구 일 같은 거는 잊어버리면 좋을 텐데.

단어 리스트

今日中 오늘 중 一人 한 명, 혼자 気持ち 기분, 마음 早く 빨리 言う 말하다 元彼 전 남자 친구 忘れる 잊다

어휘・문형 391 〔N1〕 薄っぺらい

얇다, 경솔하다, 얄팍하다

의미 용법

종이나 천 등이 얇음, 말이나 행동 등이 깊이가 없고 진정성이 없음을 말한다.

예문

① そんな薄っぺらいコートじゃ寒い。
그런 얇은 코트로는 추워.

② 薄っぺらいやつはすぐわかる。
얄팍한 놈은 금방 안다.

어휘・문형 392 〔N1〕 ざらつく

거칠거칠하다, 까칠까칠하다

의미 용법

부드럽지 않고 거칠거칠, 까칠까칠, 꺼끌꺼끌한 느낌을 나타낸다.

예문

① 少しざらついた茶色の紙でラッピングしました。
조금 거칠거칠한 갈색 종이로 포장했습니다.

② 間違ったスキンケアは肌のざらつきの原因となります。
잘못된 스킨케어는 피부 까칠함의 원인이 됩니다.

단어 리스트

薄っぺらい 얇다, 경솔하다, 얄팍하다 | 寒い 춥다 | 少し 조금 | 茶色 갈색 | 紙 종이
間違う 잘못되다, 틀리다 | 肌 피부 | 原因 원인

어휘·문형 393 **N1**
―をおいて
―을 제외하고, ―을 빼고

의미 용법

생각의 범위나 대상에서 제쳐놓는 것을 의미한다.

예문

① 挑戦するなら、今をおいてほかにない。
　도전할 거라면, 지금 아니면 두 번 다시 없다.

② 次の首相にふさわしい人物は、彼をおいて、ほかにはいない。
　다음 수상으로 어울리는 인물은 그를 제외하고 달리 없다.

어휘·문형 394 **N1**
やけに
너무, 매우, 굉장히

의미 용법

어떤 정도나 상태를 강조하는 말이다.

예문

① 最近のケチャップって、やけに甘くないですか?
　요즘 케첩은 너무 달지 않나요?

② どうしたんだ。今日はやけにおとなしいな。
　왜 그러니. 오늘 굉장히 얌전하네.

단어 리스트

挑戦 도전　今 지금　次 다음　首相 수상　人物 인물　彼 그　最近 최근, 요즘　甘い 달다　今日 오늘

> 어휘·문형 395
> **N1**
> # 禁じ得ない
> 참을 수 없다, 금할 수 없다

의미 용법

감정 따위를 억누르거나 참을 수 없는 것을 이른다. 감정, 반응, 충격 등 마음의 움직임을 나타내는 명사와 함께 사용한다.

예문

① 最後のシーンでは涙を禁じ得なかった。
마지막 장면에서는 눈물을 참을 수 없었다.

② 彼女の裏切りに対して怒りを禁じ得なかった。
그녀의 배신에 대해 분노를 금할 수 없었다.

> 어휘·문형 396
> **N1**
> # ーをもって
> ー를 끝으로, ー로써, ー로

의미 용법

기준을 나타내는 형식으로 'ー를 끝으로'의 뜻을 나타낸다.

예문

① 今月末をもって、退職することになりました。
이번 달 말을 끝으로 퇴직하게 되었습니다.

② 今夜のコンサートは、これをもって終了させていただきます。
오늘 밤 콘서트는 이것으로써 종료하겠습니다.

단어 리스트

禁じ得ない 참을 수 없다, 금할 수 없다 最後 최후, 마지막 涙 눈물 彼女 그녀 裏切り 배신
ーに対して ー에 대해 怒り 분노 ‖ 今月末 이번 달 말 退職 퇴직 今夜 오늘 밤 終了 종료

어휘·문형 397 **N1** 骨身
뼛속, 온몸

의미 용법

뼈와 살, 즉 온몸을 뜻한다.

예문

① 冬の寒さが骨身にしみる。
겨울 추위가 뼛속까지 전해진다.

② 骨身を惜しまず働けば、どうにかなるもんだ。
온몸을 아끼지 않고 일하면 어떻게든 되는 법이다.

어휘·문형 398 **N1** おめおめ
뻔뻔하게

의미 용법

부끄러운 짓을 하고도 염치없이 태연한 모습을 나타내는 말이다.

예문

① このまま、おめおめと帰れない。
이대로 뻔뻔하게 집에 갈 수는 없다.

② 何事もなかったように、おめおめと顔を出すなんて信じられない。
아무 일도 없었던 것처럼, 뻔뻔하게 얼굴을 내밀다니 믿을 수 없다.

단어 리스트

骨身 뼛속, 온몸 　冬 겨울 　寒さ 추위 　惜しまず 아끼지 않고 　働く 일하다 　帰る 집에 가다 　何事 아무 일, 무슨 일 　顔 얼굴 　出す 내다 　信じる 믿다

어휘·문형 399 (N2) びしょびしょ — 흠뻑

의미 용법

땀이나 비 등에 흠뻑 젖은 모습이다.

예문

① 汗で全身びしょびしょになった。
땀으로 온몸이 흠뻑 젖었다.

② 服がびしょびしょに濡れてしまった。
옷이 흠뻑 젖어버렸다.

어휘·문형 400 (N1) －をものともせずに — －에 굴하지 않고

의미 용법

아랑곳하거나 문제 삼지 않는 모양을 나타내는 형식이다.

예문

① 周囲の反対をものともせずに、二人は結婚した。
주위의 반대에도 굴하지 않고, 두 사람은 결혼했다.

② 彼は度重なる困難をものともせずに、前に進んでいった。
그는 거듭되는 곤란에도 굴하지 않고, 앞으로 나아갔다.

단어 리스트

汗 땀 全身 전신, 온몸 服 옷 濡れる 젖다 ‖ 周囲 주위 反対 반대 二人 두 사람
結婚 결혼 彼 그 度重なる 거듭되다 困難 곤란 前 앞 進む 나가다

어휘 · 문형 401
N3

ほっとく

내버려 두다, 방치하다

의미 용법

사람, 사물, 상황을 간섭하지 않고 내버려 두는 행위를 말한다.

예문

① 俺のことはほっとけ。
나에 대해서는 신경 쓰지 마라.

② 肩こりをほっとくとどうなる？
어깨 결림을 내버려 두면 어떻게 되지?

어휘 · 문형 402
N2

自棄になる

자포자기하다

의미 용법

절망에 빠져, 자신을 스스로 포기하여 돌보지 않음을 이른다.

예문

① そんなに自棄になるなよ。
그렇게 자포자기하지 마라.

② たまには、自棄になることもあります。
가끔 자포자기할 때도 있습니다.

단어 리스트

俺 나   肩こり 어깨 결림 ‖ 自棄になる 자포자기하다

어휘·문형 403 **ひそひそ** 〔N3〕 소곤소곤

의미 용법

다른 사람이 알아듣지 못하도록 작은 목소리로 이야기하는 소리 또는 그 모양을 말한다.

예문

① 彼女たちは教室の隅で、ひそひそと誰かの悪口を言っていた。
그녀들은 교실 구석에서 소곤소곤 누군가의 험담을 하고 있었다.

② 他の人に聞こえないように、ひそひそと話す。
다른 사람에게 들리지 않도록 소곤소곤 이야기한다.

어휘·문형 404 **口うるさい** 〔N2〕 심하게 잔소리하다

의미 용법

사람의 성격을 묘사하는 말로, 말이나 잔소리가 많음을 나타낸다.

예문

① 口うるさく言うのをやめてほしい。
심하게 잔소리하는 거, 그만했으면 좋겠다.

② うちの上司はいつも口うるさくて、むかつく。
우리 직장 상사는 항상 심하게 잔소리를 해대서 열 받아.

단어 리스트

彼女 그녀 | 教室 교실 | 隅 구석 | 誰か 누군가 | 悪口 험담, 욕 | 言う 말하다 | 他の人 다른 사람
聞こえる 들리다 | 話す 이야기하다 | 口うるさい 심하게 잔소리하다 | 上司 상사

어휘·문형 405 N2 －かたがた
－겸하여, －하는 김에

의미 용법

두 가지 이상의 일을 함께할 때, 사용하는 형식이다.

예문

① ご挨拶かたがた、お伺いしました。
인사 겸 찾아뵈었습니다.

② 毎朝、散歩かたがた、公園のゴミ拾いをしている。
매일 아침 산책을 겸해서 공원의 쓰레기를 줍고 있다.

어휘·문형 406 N2 裸足
맨발

의미 용법

신발이나 양말 등을 신지 않은 맨발 상태를 일컫는다.

예문

① 裸足で家を飛び出した。
맨발로 집을 뛰쳐나갔다.

② 健康のために、最近、裸足で歩く時間を増やしています。
건강을 위해 요즘 맨발로 걷는 시간을 늘리고 있습니다.

단어 리스트

ご挨拶 인사 伺う 찾아뵙다 毎朝 매일 아침 散歩 산책 公園 공원 ゴミ拾い 쓰레기 줍기
裸足 맨발 家 집 飛び出す 뛰쳐나가다 健康 건강 最近 최근, 요즘 歩く 걷다 時間 시간
増やす 늘리다

어휘·문형 407 N1 — 駄目元
밑져야 본전

의미 용법

일이 잘못되어도 손해 볼 것이 없음을 나타내는 말이다.

예문

① 駄目元でオーディションを受けてみた。
밑져야 본전으로 오디션을 봐보았다.

② 駄目元なんだから、やるだけやってみよう。
밑져야 본전이니까, 할 만큼 해 보자.

어휘·문형 408 N1 — グレる
삐뚤어지다, 타락하다

의미 용법

마음이나 행동 따위가 빗나가거나, 어긋나는 것을 뜻하는 속어이다.

예문

① 親父に反発し、グレた時期もあった。
아버지에게 반발해서 삐뚤어졌던 시기도 있었다.

② 参ったよ。最近、中2の娘がグレちゃってさ。
큰일 났어. 요즘 중2 딸이 삐뚤어져 버려서 말이지.

단어 리스트

駄目元 밑져야 본전	受ける 받다, 보다	父親 아버지	反発 반발	時期 시기	参った 큰일 났다, 질렸다, 졌다
最近 최근, 요즘	中2 중2	娘 딸			

> 어휘·문형 **409**
> **N2**
> # ダサい
> 촌스럽다

의미 용법

'촌스럽다, 멋없다' 등의 뜻을 지닌다. 속어로 젊은 층에서 많이 사용한다.

예문

❶ ダサすぎて言葉が出ない。
너무 촌스러워서 말이 안 나온다.

❷ このダサい髪形、どうにかならないのかな。
이 촌스러운 머리 스타일 어떻게 안 될까.

> 어휘·문형 **410**
> **N1**
> # ぶっちゃけ
> 솔직히 말해서, 까놓고 말해서

의미 용법

'솔직히 말해서, 까놓고 말해서'를 뜻한다. 구어체에서 자주 쓰이는 속어 표현이다.

예문

❶ ぶっちゃけ、私もモテたいです。
솔직히 말해, 저도 인기 있고 싶습니다.

❷ ぶっちゃけ、何を言っているのか、さっぱり分からない。
까놓고 말해서, 무슨 소리하는지 도통 모르겠다.

단어 리스트

言葉 말 出る 나오다 髪型 머리 스타일 ‖ 私 나 何 무엇 言う 말하다 分かる 알다

어휘·문형 411 　恥じらう
N1　　부끄러워하다, 쑥스러워하다

의미 용법
부끄러운, 수줍은 감정을 갖고 행동하는 것을 말한다.

예문

① 恥じらいのないやつだな。
부끄러움이 없는 놈이군.

② 彼は恥じらいながらも、彼女に自分の気持ちを伝えた。
그는 부끄러워하면서도 그녀에게 자신의 마음을 전했다.

어휘·문형 412 　凍りつく
N2　　얼어붙다, 꽁꽁 얼다

의미 용법
'얼어붙다, 꽁꽁 얼다'를 뜻한다.

예문

① 窓が凍りついて開かない。
창문이 얼어붙어서 열리지 않는다.

② 会場の空気が一瞬で凍りついた。
회장 공기가 한 순간에 얼어붙었다.

단어 리스트

恥じらう 부끄러워하다, 쑥쓰러워하다　彼 그　彼女 그녀　自分 자신　気持ち 마음, 기분
伝える 전하다　凍りつく 얼어붙다, 꽁꽁 얼다　窓 창　開かない 열리지 않다　会場 회장
空気 공기　一瞬で 한 순간에

어휘 · 문형 413 　憤り　　　　N1　　　분노, 분개

의미 용법

분노, 분개, 성, 노여움 등을 의미한다.

예문

① 残虐なテロ行為に強い憤りを感じました。
　잔학한 테러 행위에 강한 분노를 느꼈습니다.

② 北朝鮮の不誠実な対応に国民は憤りを禁じ得なかった。
　북한의 불성실한 대응에 국민은 분노를 금치 못했다.

어휘 · 문형 414　やり場のない　　N1　　주체할 수 없는, 감당할 수 없는

의미 용법

'어떻게 할 수 없음'을 뜻하는 관용구이다.

예문

① このやり場のない怒りはどこにぶつければいいですか？
　이 주체할 수 없는 분노는 어디에 풀면 좋을까요?

② たまに、やり場のない虚しさが込み上げてくる。
　한 번씩 감당할 수 없는 허탈감이 치밀어 온다.

단어 리스트

憤り 분노, 분개　残虐だ 잔학하다　行為 행위　強い 강하다　感じる 느끼다　北朝鮮 북한
不誠実だ 불성실하다　対応 대응　国民 국민　－を禁じ得ない －를 금치 못하다
やり場のない 주체할 수 없는, 감당할 수 없는　怒り 분노　虚しさ 허탈감, 허전함
込み上げる 치밀다, 솟아오르다

어휘·문형 415 — 理不尽 (N1)

불합리, 도리에 어긋남

의미 용법

불합리, 무리함, 도리에 어긋남을 말한다.

예문

① 理不尽な要求はきっぱりと断るべきだ。
　불합리한 요구는 단호히 거절해야 한다.

② こんな理不尽なことが許されていいのか。
　이런 불합리한 일이 허용돼도 되는 건가.

어휘·문형 416 — 調子に乗る (N2)

우쭐하다

의미 용법

우쭐해짐, 의기양양하여 뽐냄 등을 나타내는 관용구이다.

예문

① お前、調子に乗ってんじゃねえぞ。
　너, 너무 우쭐대지 마라.

② 調子に乗っていられるのも今のうちだ。覚えておけよ。
　우쭐해할 수 있는 것도 지금뿐이다. 두고 봐라.

단어 리스트

理不尽(りふじん) 불합리, 도리에 어긋남　要求(ようきゅう) 요구　断る(ことわる) 거절하다　許す(ゆるす) 용서하다, 허용하다
調子に乗る(ちょうしにのる) 우쭐하다　お前(おまえ) 너　今のうち(いまのうち) 지금　覚える(おぼえる) 기억하다

어휘·문형 417 **ヘトヘト** N2 — 너무 지침

의미 용법
기진맥진 녹초가 된, 너무 피곤한 상태를 묘사하는 말이다.

예문

① 仕事、家事、育児で毎日ヘトヘトです。
일, 가사, 육아로 매일 녹초가 됩니다.

② ヘトヘトだ。もうこれ以上歩けない。
너무 지쳤다. 이제 더 이상 못 걷겠다.

어휘·문형 418 **キリがない** N2 — 끝이 없다

의미 용법
끝이 없음, 한도가 없음을 일컫는 말이다.

예문

① キリがない。この話はもうやめよう。
끝이 없다. 이 얘기는 이제 그만하자.

② 疑い出すと、キリがない。
의심하기 시작하면 끝이 없다.

단어 리스트

仕事(しごと) 일 | 家事(かじ) 가사, 집안일 | 育児(いくじ) 육아 | 毎日(まいにち) 매일 | 以上(いじょう) 이상 | 歩く(あるく) 걷다 | 話(はなし) 얘기
疑い出す(うたがいだす) 의심하기 시작하다

어휘·문형 419 **N1** －んがために
－하기 위해

의미 용법

동사 〈ない〉형에 결합하여 목적을 나타내는 형식이다.

예문

① 平和を守らんがために、努力すべきです。
평화를 지키기 위해 노력해야 합니다.

② 勝たんがために、トレーニングをする。
이기기 위해 트레이닝을 한다.

어휘·문형 420 **N2** ぷんぷん
풀풀, 물씬

의미 용법

냄새가 심하게 나는 모양을 말한다.

예문

① タバコのニオイがぷんぷんする。
담배 냄새가 풀풀 난다.

② あの犯人は、最初から怪しいニオイがぷんぷんしていた。
그 범인은 처음부터 수상한 냄새가 풀풀 났었다.

단어 리스트

平和 평화　守る 지키다　努力 노력　勝つ 이기다 ∥ 犯人 범인　最初 최초, 처음　怪しい 수상하다, 의심스럽다

어휘·문형 421 **N1** －すら   －조차도

의미 용법

강조 예시를 나타내는 말이다. 보통 부정형을 수반한다.

예문

① 英語で挨拶すらできない。
영어로 인사조차도 못 한다.

② 仕事が忙しすぎてお昼ご飯すら食べられなかった。
일이 너무 바빠서 점심조차도 먹지 못했다.

어휘·문형 422 **N2** ふにゃふにゃ   흐물흐물

의미 용법

부드러워 흐물흐물한 상태를 가리킨다.

예문

① 揚げ物は時間がたつと、ふにゃふにゃになる。
튀김은 시간이 지나면 흐물흐물해진다.

② 丈夫なダンボール箱も水に濡れると、ふにゃふにゃになる。
튼튼한 골판지상자도 물에 젖으면 흐물흐물하게 된다.

단어 리스트

英語 영어　挨拶 인사　仕事 일　忙しい 바쁘다　お昼 점심　ご飯 밥　食べる 먹다
揚げ物 튀김　時間 시간　丈夫だ 튼튼하다　ダンボール箱 골판지상자　水 물　濡れる 젖다

> 어휘・문형 423
> **N2**
> # ただ —のみだ
> 오직 —만 하면 된다, —할 뿐이다

의미 용법

한정하는 내용을 더욱 강조하는 형식으로 쓰인다. 〈ただ〉를 생략하기도 한다.

예문

❶ やれることはやったので、あとは神様に祈るのみです。
할 수 있는 일은 했기 때문에, 이제는 신에게 기도만 하면 됩니다.

❷ 試験は終わった。あとはただ結果を待つのみだ。
시험은 끝났다. 나머지는 오직 결과를 기다릴 뿐이다.

> 어휘・문형 424
> **N1**
> # —だに
> —조차

의미 용법

일반적으로 예상하기 힘든 예를 들어 강조할 때 사용한다.

예문

❶ ここで君に会えるなんて、夢にだに思わなかったよ。
여기서 너를 만날 수 있다니, 꿈에서조차 생각 못 했다.

❷ 地震のことなど、想像するだに恐ろしい。
지진 같은 거, 상상하는 것조차 무섭다.

단어 리스트

神様 신　祈る 기원하다, 기도하다　試験 시험　終わる 끝나다　結果 결과　待つ 기다리다
君 너　会える 만날 수 있다　夢 꿈　思う 생각하다　地震 지진　想像 상상　恐ろしい 무섭다

어휘 · 문형 425 | N1
−でなくてなんだろう
−가 아니면 뭐란 말인가

의미 용법

화자의 의견이나 감정을 반어적으로 강조하는 형식으로 사용된다.

예문

❶ キモいって言われた。これがいじめでなくてなんだろう。
　 재수 없다는 소리를 들었다. 이것이 괴롭힘이 아니고 뭐란 말인가.

❷ 彼女のことが気になって仕方ない。これが恋でなくてなんだろう。
　 그녀가 신경 쓰여서 미치겠다. 이것이 사랑이 아니면 뭐란 말인가.

어휘 · 문형 426 | N1
しくじる
실수하다, 망치다

의미 용법

'실수하다, 실패하다, 망치다'와 같은 뜻을 갖는다.

예문

❶ あちゃ、またしくじった。
　 어이쿠 이런, 또 일을 저질렀군.

❷ しくじった。涙を見せちゃった。
　 망쳤다. 눈물을 보이고 말았다.

단어 리스트

言う 말하다　彼女 그녀　気になる 신경 쓰이다　−て仕方ない 너무 −하다　恋 사랑
涙 눈물　見せる 보이다

어휘·문형 427 — N2

ほかほか

따끈따끈

의미 용법

따끈한 느낌을 나타내는 말이다.

예문

① お味噌汁とほかほかの炊きたてご飯があれば、それでいい。
된장국하고 따끈따끈한 갓 지은 밥이 있으면 그걸로 됐다.

② ほかほかの肉まんが食べたい。
따끈따끈한 고기만두를 먹고 싶다.

어휘·문형 428 — N1

－といい －といい

－로 보나, －로 보나

의미 용법

사람이나 물건 등을 열거하여 '모두 다'의 뜻을 담아 평가할 때 쓰는 형식이다.

예문

① この店は味といい、サービスといい、文句のつけようがない。
이 가게는 맛으로 보나, 서비스로 보나 흠잡을 데가 없다.

② 色といい、つやといい、このりんごは天下一品だ。
색으로 보나 윤기로 보나 이 사과는 천하일품이다.

단어 리스트

お味噌汁 된장국　炊きたてご飯 갓 지은 밥　肉まん 고기만두　食べる 먹다　店 가게
味 맛　文句のつけようがない 흠잡을 데 없다　色 색　天下一品 천하일품

어휘·문형 429
N1

恐れ入る

감사하다, 죄송하다

의미 용법

분에 넘치는 호의에 감사하기도 하고 송구하기도 한 심정을 담은 말이다.

예문

① お越しいただき、誠に恐れ入ります。
와주셔서 대단히 감사합니다.

② お忙しいところ恐れ入りますが、どうかよろしくお願い申し上げます。
바쁘신 중에 죄송합니다만 아무쪼록 잘 부탁드리겠습니다.

어휘·문형 430
N1

－にはあたらない

－할 필요는 없다

의미 용법

'－할 정도는 아니다, －할 필요는 없다'를 뜻한다.

예문

① そんなに心配するにはあたらない。
그렇게 걱정할 필요는 없다.

② 彼が怒るのはいつものことだ。驚くにはあたらない。
그가 화를 내는 것은 항상 있는 일이다. 놀랄 필요는 없다.

단어 리스트

恐れ入る 감사하다, 죄송하다　お越しいただく 오시다　誠に 대단히　忙しい 바쁘다
お願い申し上げる 부탁드리다 ‖ 心配する 걱정하다　彼 그　怒る 화내다　驚く 놀라다

어휘・문형 431 　N1　 －にかたくない
－하기 어렵지 않다

[의미 용법]

'–하기 어렵지 않다, 쉽게 –할 수 있다'라는 뜻을 나타낸다.

[예 문]

① 親友に裏切られた時のショックは、想像にかたくない。
친한 친구에게 배신당했을 때의 쇼크는 상상하기 어렵지 않다.

② 子供を亡くした親の悲しみは、察するにかたくない。
아이를 잃은 부모의 슬픔은 헤아리기 어렵지 않다.

어휘・문형 432 　N2　 ぼろぼろ
너덜너덜

[의미 용법]

물건 등이 형편없이 망가진 상태를 가리킨다.

[예 문]

① バッグの持ち手がぼろぼろになってしまった。
가방 손잡이가 너덜너덜해져 버렸다.

② 残業続きで、身も心もぼろぼろです。
계속되는 잔업으로 몸도 마음도 너덜너덜한 상태입니다.

단어 리스트

親友 친한 친구　裏切られる 배신 당하다　時 때　想像 상상　子供 아이　亡くす 잃다　親 부모　悲しみ 슬픔　察する 헤아리다, 추측하다　持ち手 손잡이　残業続き 계속되는 잔업　身も心も 몸도 마음도

어휘·문형 433 **N1** －に即して
−에 따라, −에 근거하여

의미 용법
'−에 따라, −에 근거하여' 등을 의미한다.

예문

① 国民の要望に即して政策が変更された。
　국민의 요망에 따라 정책이 변경되었다.

② この問題は過去の事例に即して判断すべきだ。
　이 문제는 과거 사례에 근거하여 판단해야 한다.

어휘·문형 434 **N1** あるまじき
해서는 안 되는

의미 용법
있을 수 없음, 해서는 안 됨을 나타낸다.

예문

① 彼は教師としてあるまじき発言をしてしまった。
　그는 교사로서 해서는 안 될 발언을 해 버렸다.

② カンニングなんて、学生としてあるまじき行為だ。
　커닝 같은 거 학생이 해서는 안 될 행위이다.

단어 리스트

－に即(そく)して −에 따라, −에 근거하여　国民(こくみん) 국민　要望(ようぼう) 요망　政策(せいさく) 정책　変更(へんこう) 변경　問題(もんだい) 문제　過去(かこ) 과거　事例(じれい) 사례　判断(はんだん) 판단 ‖ 彼(かれ) 그　教師(きょうし) 교사　発言(はつげん) 발언　学生(がくせい) 학생　行為(こうい) 행위

> 어휘·문형 435
> N2
> # まちまちだ
> 분분하다, 들쑥날쑥하다

의미 용법

모양이나 생각 등이 갈피를 잡을 수 없는 상태를 가리킨다.

예문

① 意見がまちまちなので、会議が進まない。
의견이 분분해서 회의가 진행되지 않는다.

② 山田さんへの評価は、人によってまちまちです。
야마다 씨에 대한 평가는 사람에 따라 들쑥날쑥합니다.

> 어휘·문형 436
> N1
> # ーまでのことだ
> -하면 그만이다

의미 용법

'달리 방법이 없어서, 그 대안으로 -하는 정도로 만족할 때' 사용하는 형식이다.

예문

① 協力してくれないなら、一人でやるまでのことだ。
협력해 주지 않는다면, 혼자 하면 그만이다.

② タクシーが捕まらない？では、歩いて帰るまでのことだ。
택시가 안 잡힌다고? 그럼 걸어서 집에 가면 그만이다.

단어 리스트

意見	의견
会議	회의
進む	나아가다, 진행되다
山田	야마다
評価	평가
人	사람
協力	협력
一人	혼자, 한 사람
捕まる	잡히다
歩く	걷다
帰る	집에 가다

어휘·문형 437 　余計
N2　쓸데없음, 필요 없음, 더욱, 한층 더

의미 용법

보통보다 정도가 심함을 나타낸다. 〈余計に〉 형태로 '더욱, 한층 더'의 뜻을 담아 강조 표현으로 많이 사용한다.

예문

❶ 余計なことするな。
　쓸데없는 짓 하지 마라.

❷ 横からごちゃごちゃ言われると、余計にわからなくなる。
　옆에서 이래라저래라 하면 더 헷갈린다.

어휘·문형 438 　ーつ ーつ
N1　ー거니 ー거니

의미 용법

두 가지 동작을 번갈아 반복하는 모습을 담는 형식이다.

예문

❶ 追いつ追われつの試合を「シーソーゲーム」という。
　쫓거니 쫓기거니 하는 시합을 '시소게임'이라 한다.

❷ 抜きつ抜かれつの大接戦だった。
　앞서거니 뒤서거니 하는 대접전이었다.

단어 리스트

余計 쓸데없음, 필요 없음, 더욱, 한층 더　横 옆　言う 말하다　‖　追いつ追われつ 쫓거니 쫓기거니　試合 시합　抜きつ抜かれつ 앞서거니 뒤서거니　大接戦 대접전

어휘·문형 439 (N2)

めろめろ

푹 빠짐, 홀딱 반함

의미 용법

무언가에 반해서 정신을 못 차리는 상태를 말한다.

예문

① 年下の彼氏にめろめろです。
연하 남자 친구에게 푹 빠졌습니다.

② 彼女にすっかりめろめろになっちゃった。好きすぎてやばい。
여자 친구에게 완전히 반해 버렸다. 너무 좋아해서 큰일이다.

어휘·문형 440 (N1)

-を限りに

-을 끝으로

의미 용법

'-를 끝으로, -을 마지막으로'를 뜻한다.

예문

① 今月末を限りに閉店します。
이달 말을 끝으로 가게 문을 닫습니다.

② 今日を限りに、お酒とタバコはやめることにします。
오늘을 끝으로 술과 담배는 끊도록 하겠습니다.

단어 리스트

年下 연하 彼氏 남자 친구 彼女 여자 친구 好きだ 좋아하다 -を限りに -를 끝으로
今月末 이달 말 閉店 폐점, 가게 문을 닫음 今日 오늘 お酒 술

어휘·문형 441 　 －かねる　　 －할 수 없다, －하기 어렵다
N2

의미 용법

불가능함을 표시하는 형식이다. 동사〈ます〉형에 결합한다.

예문

① 当社の規定上、そのようなサービスのご提供は致しかねます。
우리 회사 규정상 그런 서비스는 제공해 드릴 수 없습니다.

② その意見には賛成しかねます。
그 의견에는 찬성하기 어렵습니다.

어휘·문형 442 　 －損ねる　　 －하지 못하다, －할 기회를 놓치다
N1

의미 용법

어떤 동작을 하려 했지만 실패하거나, 그 기회를 놓친 상태를 표현한다. 동사〈ます〉형에 결합한다.

예문

① わずかな差で最終電車に乗り損ねちゃった。
간발의 차로 마지막 전차를 놓쳐 버렸다.

② 忙しすぎて、昼ごはんを食べ損ねた。
너무 바빠서 점심을 못 먹었다.

단어 리스트

当社 당사, 저희 회사　規定上 규정상　提供 제공　致す 해 드리다　意見 의견　賛成 찬성
‖ －損ねる －하지 못하다, －할 기회를 놓치다　わずかな差 근소한 차, 간발의 차　最終電車 마지막 전차　乗る 타다　忙しい 바쁘다　昼ごはん 점심　食べる 먹다

> **어휘·문형 443**
> **N1**
> # 切っても切れない
> 끊으려야 끊을 수 없다

의미 용법

끊으려 해도 절대 끊을 수 없는 깊은 인연이나 상황을 나타낸다.

예 문

① 切っても切れない絆でつながっているのが親子関係だ。
끊으려야 끊을 수 없는, 정서적 끈으로 연결된 것이 부모 자식 관계다.

② 寿司と醤油は切っても切れない関係だ。
초밥과 간장은 끊으려야 끊을 수 없는 관계다.

> **어휘·문형 444**
> **N2**
> # めちゃくちゃ
> 엉망진창, 매우

의미 용법

'엉망진창, 터무니없음, 정도가 지나침'을 뜻하는 말이다. 젊은 세대에서〈めっちゃ〉의 형태로 정도를 강조하는 의미로 많이 쓴다.

예 문

① うつ病が、私の人生をめちゃくちゃにしてしまった。
우울증이 내 인생을 엉망진창으로 만들어버렸다.

② このパン、めっちゃ高いけど、めっちゃ美味しい。
이 빵, 매우 비싸기는 해도 진짜 맛있다.

단어 리스트

切っても切れない 끊으려야 끊을 수 없다　絆 정서적 끈, 유대　親子関係 부모 자식 관계
寿司 초밥　醤油 간장　関係 관계 ‖ うつ病 우울증　私 나　人生 인생　高い 비싸다
美味しい 맛있다

어휘·문형 445
N2

ぼったくる

바가지 씌우다

의미 용법

바가지를 씌우는 행위를 일컫는다.

예문

❶ ぼったくられたことはありませんか?
　바가지 쓴 적 없습니까?

❷ え？ お通し1000円？ ぼったくりもいい加減にしてほしい。
　뭐? 기본안주 1,000엔이라고? 바가지 씌우는 것도 적당히 했으면 좋겠다.

어휘·문형 446
N2

ボロ

헝겊, 누더기, 허점, 결점

의미 용법

헝겊, 누더기를 뜻하는 말이지만, 비유적으로 허점, 결점, 속셈, 본성 등의 뜻으로도 사용된다.

예문

❶ そのボロバッグ、まだ使ってるの?
　그 낡은 가방, 아직도 쓰고 있는 거니?

❷ あまりしゃべると、ボロが出る。
　너무 떠들면 허점이 드러난다.

단어 리스트

お通し 기본안주　　いい加減にする 적당히 하다　∥　使う 사용하다, 쓰다　　出る 나오다

어휘·문형 447 　一言　　N3
한마디 말

의미 용법

짧은, 간단한 말을 의미한다.

예문

① 忘年会を始めるに先立って、会長より一言いただきたいと思います。
송년회를 시작하기에 앞서, 회장님께서 한 말씀 해 주셨으면 합니다.

② 一言だけ言わせてください。
한 마디만 말하게 해 주세요.

어휘·문형 448 　-甲斐もなく　　N2
-한 보람도 없이

의미 용법

어떤 일을 한 뒤에 그 결과에 대한 보람, 가치, 만족감 등이 없음을 이른다.

예문

① ダイエットした甲斐もなく、たった一ヶ月でリバウンドしてしまった。
다이어트 한 보람도 없이, 단 한 달 만에 이전 몸무게로 돌아가 버렸다.

② 努力の甲斐もなく、英検1級に落ちた。
노력한 보람도 없이, 영어능력시험 1급에 떨어졌다.

단어 리스트

一言 한 마디, 한 말씀　忘年会 망년회, 송년회　始める 시작하다　-に先立って -에 앞서
会長 회장　思う 생각하다　言う 말하다　-甲斐もなく -한 보람도 없이　一ヶ月 1개월,
한 달　努力 노력　英検 영어능력시험　1級 1급　落ちる 떨어지다

어휘·문형 449 — N1
－にかこつける
— 을 핑계, 구실로 삼다

의미 용법

어떤 일을 핑계, 구실, 명분으로 삼아, 다른 행동을 하는 것을 나타낸다.

예문

① 夫はいつも仕事にかこつけて帰りが遅いです。
   남편은 항상 일을 핑계로 귀가가 늦습니다.

② 妹は母の病気にかこつけて授業を欠席した。
   여동생은 어머니의 병을 구실로 수업에 결석했다.

어휘·문형 450 — N2
なんとも
정말(로), 참(으로)

의미 용법

기쁨, 놀라움, 슬픔 등을 감탄하며 강조하여 표현한다.

예문

① こんなに多くの方に応援していただけるなんて、なんとも嬉しいです。
   이렇게 많은 분께 응원받을 수 있다니 정말 기쁩니다.

② モーツァルトの音楽はなんとも美しいですね。
   모차르트 음악은 참 아름답군요.

단어 리스트

夫 남편 | 仕事 일 | 帰り 귀가 | 遅い 늦다 | 妹 여동생 | 母 어머니 | 病気 병 | 授業 수업 | 欠席 결석 ‖ 多くの方 많은 분 | 応援 응원 | 嬉しい 기쁘다 | 音楽 음악 | 美しい 아름답다

어휘·문형 451 N2 — もやもや
머리가 멍함, 안개가 자욱함

의미 용법

뿌옇고 흐릿한 상태를 나타내는 말이다. 상황에 따라 심리적 상태와 시각적 상태 둘 다 표현이 가능하다.

예문

① 頭がもやもやして、すっきりしない。考えがまとまらない。
머리가 멍하여 개운하지 않다. 생각이 정리되지 않는다.

② 朝霧がもやもやと立ち込めている。
아침 안개가 자욱이 끼어 있다.

어휘·문형 452 N2 — 頭がどうかしている
정신 상태가 이상하다

의미 용법

'정신 상태가 이상하다, 제정신이 아니다, 이성을 잃었다'라는 뜻이다.

예문

① 頭がどうかしてるの?突然怒り出して、みんな困っているよ。
정신이 어떻게 된 거니? 갑자기 화를 내서 모두 곤란해하고 있어.

② そんなことを口にするなんて、頭がどうかしているに違いない。
그런 말을 한다니, 제정신이 아닌 게 틀림없어.

단어 리스트

頭 머리　考え 생각　朝霧 아침 안개　立ち込める (안개, 구름) 끼다
頭がどうかしている 정신 상태가 이상하다　突然 갑자기　怒り出す 화를 내다　困る 곤란하다　口にする 말하다, 먹다　－に違いない －임에 틀림이 없다

어휘·문형 453 **N1**

－に －を重ねて

－에 －를 거듭하여

의미 용법

동작성 명사를 반복 사용하여, '같은 동작을 반복하고 또 반복하여'의 뜻을 나타내는 형식이다.

예 문

❶ 彼は苦労に苦労を重ねて、やっと借金を返済した。
그는 고생에 고생을 거듭하여 겨우 빚을 갚았다.

❷ 彼は失敗に失敗を重ねて、ついに成功を手に入れた。
그는 실패에 실패를 거듭하여 마침내 성공을 손에 넣었다.

어휘·문형 454 **N2**

－はともあれ

－는 어쨌든, －는 일단 제쳐두고

의미 용법

전 건의 내용을 막론하고, 후 건 내용을 말할 때 사용하는 형식이다.

예 문

❶ 何はともあれ、無事でよかったです。
여하튼 무사해서 다행입니다.

❷ 結果はともあれ、試験が終わってほっとした。
결과는 어쨌든 시험이 끝나서 한숨 놓았다.

단어 리스트

－に －を重ねて －에 －를 거듭하여　彼 그　苦労 고생　借金 빚　返済する 갚다　失敗 실패　成功 성공　手に入れる 손에 넣다 ‖ 何はともあれ 여하튼　無事 무사　結果 결과　試験 시험　終わる 끝나다

어휘·문형 455 — 根ほり葉ほり (N1)
꼬치꼬치, 미주알고주알

의미 용법

상세히 물어보거나 캐묻는 모습을 나타내는 관용구이다.

예문

① そんなに根ほり葉ほり聞かなくてもいいじゃない?
그렇게 꼬치꼬치 캐묻지 않아도 되잖아?

② 根ほり葉ほり質問されてうんざりだ。
미주알고주알 질문을 받고 질려 버렸다.

어휘·문형 456 — こぢんまり (N2)
아담함

의미 용법

작고 아담한 분위기나, 작지만 깔끔하고 편안한 모습 등을 나타낸다.

예문

① こぢんまりとした居心地のいい家で暮らしたい。
아담하면서 편안한 집에서 살고 싶다.

② このカフェは、こぢんまりとしていて雰囲気がとてもいいです。
이 카페는 아담하고 분위기가 아주 좋습니다.

단어 리스트

根ほり葉ほり 꼬치꼬치, 미주알고주알   聞く 묻다   質問 질문   居心地のいい 편안하다, 아늑하다   家 집   暮らす 살다   雰囲気 분위기

어휘·문형 457 〔N2〕 －に －た　　　－하고 －한

의미 용법

동일 동사를 반복적으로 사용하여 그 동작을 강조하는 형식이다. 〈ます〉형과 〈た〉형에 결합한다.

예문

① 迷いに迷った末、ようやく辿り着いた。
　헤매고 헤맨 끝에, 겨우 도착했다.

② 待ちに待った日がついにやってきた。
　기다리고 기다리던 날이 드디어 왔다.

어휘·문형 458 〔N2〕 抓る　　　꼬집다

의미 용법

엄지와 검지로 살을 집어서 뜯듯이 당기거나 비트는 행위를 이른다.

예문

① 腕を抓って眠気を覚ます。
　팔을 꼬집어서 졸음을 쫓는다.

② 我が身を抓って人の痛さを知れ。
　자기 몸을 꼬집어 보고, 남의 아픔을 느껴라.

단어 리스트

迷う 헤매다　末 끝　辿り着く 도착하다　待つ 기다리다　日 날 ‖ 抓る 꼬집다　腕 팔
眠気を覚ます 졸음을 쫓다　我が身 자기 몸　人 남　痛さ 아픔　知れ 알아라, 느껴라

어휘·문형 459 よりによって **N2**

하필이면

의미 용법

되어 가는 일이나 결정된 일이 못마땅할 때 사용하는 말이다. 부정적 내용이 이어지는 경우가 많다.

예문

① よりによって、そんなやつと付き合っているの？
하필이면, 그런 놈하고 사귀는 거니?

② よりによって、こんな忙しい時にデートに誘われるなんて。
하필이면, 이렇게 바쁠 때 데이트 초대를 받다니.

어휘·문형 460 夏バテ **N1**

더위를 먹음, 더위를 탐

의미 용법

여름철 무더위로 인한 피로, 무기력, 식욕부진, 탈진 등 증상을 가리킨다.

예문

① 夏バテにお気をつけて、お元気にお過ごしください。
여름 더위 조심하시면서, 건강하게 지내시길 바랍니다.

② 彼女は夏バテでげっそり痩せてしまった。
그녀는 더위를 먹어서 홀쭉 살이 빠져 버렸다.

단어 리스트

付き合う 사귀다　忙しい 바쁘다　時 때　誘われる 초대받다, 신청받다　夏バテ 더위를 먹음, 더위를 탐　気をつける 조심하다　元気だ 건강하다　過ごす 보내다, 지내다　彼女 그녀　痩せる 야위다, 살이 빠지다

어휘·문형 461 　なまじ　　N1
괜히, 섣불리, 어설프게

의미 용법

철저한 준비나 신중한 생각이 없음을 뜻한다.

예문

① なまじ手を出すと面倒になるから、そっとしておこう。
　괜히 손대면 귀찮아지니까, 가만히 두자.

② なまじ口を出したのがいけなかった。
　섣불리 말참견한 것이 잘못이었다.

어휘·문형 462　－に越したことはない　N2
－하는 것이 최고다

의미 용법

최고의 선택을 나타내는 형식으로, 어떤 행동이나 상태가 가장 이상적이라는 의미를 지닌다.

예문

① 健康であるに越したことはない。
　건강이 가장 중요하다.

② 現金で払うに越したことはない。
　현금으로 주는 것이 가장 좋다.

단어 리스트

手を出す 손대다　面倒だ 귀찮다　口を出す 말 참견하다　∥　－に越したことはない －하는 것이 최고다　健康である 건강하다　現金 현금　払う 지불하다

어휘・문형 463 — 後をつける
N3 뒤를 쫓다, 뒤따라 가다

의미 용법
뒤를 따라가는 것을 나타낸다.

예문

① さっきから誰かに後をつけられているみたいだ。
아까부터 누군가에게 뒤를 쫓기고 있는 거 같다.

② 怪しげな男が後をつけてくる。
수상한 사람이 뒤쫓아 온다.

어휘・문형 464 — 気がする
N3 느낌이 든다, 생각이 든다

의미 용법
확실하지는 않지만, 주관적으로 그렇게 생각하거나 느낄 때 사용하는 표현이다.

예문

① なんだか今日は雨が降りそうな気がする。
왠지 오늘 비가 올 것 같은 느낌이 든다.

② 最近、いくら寝ても寝足りないような気がする。
요즘, 아무리 자도 잠이 부족한 것 같은 느낌이 든다.

단어 리스트

後をつける 뒤를 쫓다, 뒤따라 가다   誰 누구   怪しげな男 수상한 남자 ǁ 気がする 느낌이 든다, 생각이 든다   今日 오늘   雨 비   降る 내리다   最近 최근, 요즘   寝る 자다   寝足りない 잠이 부족하다

어휘·문형 465
N1

静まり返る

고요해지다, 조용해지다

의미 용법

완전히 고요하고 조용한 상태를 강조하여 묘사하는 말이다.

예문

① 静まり返った夜の街を一人で歩いた。
고요한 밤거리를 혼자 걸었다.

② 先生が怒鳴った瞬間、教室はしいんと静まり返った。
선생님이 호통친 순간 교실은 쥐 죽은 듯이 조용해졌다.

어휘·문형 466
N1

つるむ

붙어 다니다, 어울려 다니다

의미 용법

무리 지어서 붙어 다니는 모습을 이르는 말이다.

예문

① あの三人、いつもつるんでいるよね。
저 세 사람 항상 붙어 다녀, 그렇지?

② そういう友だちとはつるむなよ。
그런 친구들하고는 어울려 다니지 마라.

단어 리스트

静まり返る 고요해 지다, 조용해 지다	夜の街 밤거리	一人 한 사람, 혼자	歩く 걷다
先生 선생님	怒鳴る 호통치다	瞬間 순간	教室 교실	三人 세 사람, 세 명	友だち 친구

어휘·문형 467 — 引っ込む
N2 물러나다, 뒤로 빠지다

의미 용법
물러남, 뒤로 빠짐을 나타내는 말이다.

예문

① 無理が通れば道理が引っ込む。
무리가 통하면, 이치에 맞는 올바른 세상이 사라지게 된다.

② やる気がないなら、引っ込んでいろよ。
할 마음이 없으면, 뒤로 빠져 있어라.

어휘·문형 468 — チャラにする
N2 없던 걸로 하다

의미 용법
'문제나 빚 등을 없던 일로 하다'라는 의미로 쓴다.

예문

① 昨日のミスはチャラにしてくれる?
어제 실수는 없던 걸로 해 줄래?

② これですべての借金をチャラにしよう。
이것으로 모든 빚을 없던 걸로 하자.

단어 리스트

引っ込む 물러나다, 뒤로 빠지다　無理 무리　通る 통하다　道理 도리　やる気 할 마음
昨日 어제　借金 빚

어휘・문형 469
N3

脂っこい

기름지다, 느끼하다

의미 용법

기름기가 많고 느끼한 상태를 가리키는 말이다.

예 문

① 最近、脂っこいものを食べると胃がもたれる。
  요즘 기름진 걸 먹으면 속이 더부룩하다.

② 脂っこいものを食べた後にお茶を飲むと、口の中がすっきりする。
  느끼한 것을 먹은 후에 차를 마시면 입 안이 개운해진다.

어휘・문형 470
N2

気が気でない

불안하고 초조하다, 제정신이 아니다

의미 용법

걱정되어 매우 불안하고 초조한 심리 상태를 나타낸다.

예 문

① 気が気でないのはわかるけど、落ち着けって。
  불안하고 초조한 건 알겠는데, 진정하라니까.

② 終電に遅れはしないかと、気が気でなかった。
  마지막 전차에 늦지는 않을까 해서 제정신이 아니었다.

단어 리스트

脂っこい 기름지다, 느끼하다 最近 최근, 요즘 食べる 먹다 胃 위, 속 後に 후에, 다음에
お茶 차 飲む 마시다 口の中 입 안 ‖ 気が気でない 불안하고 초조하다, 제정신이 아니다
落ち着く 진정하다, 침착하다 終電 마지막 전차 遅れ 늦음

어휘·문형 471 N2 — 心なしか
왠지, 마음 탓인지

의미 용법

왠지, 마음 탓인지, 기분 탓인지 그렇게 느껴짐을 말한다.

예문

① 心なしかやつれて見える。
왠지 수척해 보인다.

② 心なしか歩調がはやくなっていく。
마음 탓인지 발걸음이 빨라져 간다.

어휘·문형 472 N2 — 人見知り
낯가림

의미 용법

낯선 사람을 꺼리는 행위를 일컫는다.

예문

① 彼氏の人見知りをなおしたいです。どうすればいいのでしょうか?
남자 친구의 낯가림을 고치고 싶어요. 어떻게 하면 좋을까요?

② この子はまだ人見知りをする。
이 아이 아직 낯가림한다.

단어 리스트

心なしか 왠지, 마음 탓인지　見える 보이다　歩調 발걸음 ‖ 人見知り 낯가림　彼氏 남자 친구　子 아이

어휘·문형 473 · N1 — 呼び捨て
반말로 부름

의미 용법

이름이나 호칭에 '–씨, –님'과 같은 경칭을 붙이지 않고 부르는 것을 말한다.

예문

1. 呼び捨てでいいよ。
   편하게 불러도 돼.

2. 初対面の上司にいきなり呼び捨てされたよ。マジでムカつく。
   처음 만난 상사가 다짜고짜 반말로 부르더라. 진짜 짜증 나.

어휘·문형 474 · N1 — 見当がつかない
갈피를 못 잡다, 짐작이 안 가다

의미 용법

어떤 일에 대해 짐작, 추측, 예상이 안 될 때 쓰는 말이다.

예문

1. 何をすべきか見当がつかない。
   무엇을 해야 할지 갈피를 못 잡겠다.

2. 一体何を考えているのか、全く見当がつかない。もうどうでもいい。
   도대체 무슨 생각을 하는 건지 전혀 짐작이 안 간다. 이제 신경 안 써.

단어 리스트

呼び捨て 반말로 부름　初対面 첫 대면, 처음 만남　上司 상사 ‖ 見当がつかない 갈피를 못 잡다, 짐작이 안 가다　何 무엇, 무슨　一体 도대체　全く 전혀

> **어휘·문형 475**
> **N1**
>
> # －やがる
>
> (젠장) －하네

[의미 용법]

동사〈ます〉형에 결합하여 조롱, 멸시, 비아냥의 느낌을 표현하는 형식이다. 화자의 부정적 판단이 강하게 담기기 때문에 사용에 조심한다.

[예 문]

❶ 何を言いやがるんだ。
　뭘 지껄여 대는 거야.

❷ 俺たちを誰だと思っていやがるんだ。なめるなよ。
　우리를 뭐로 보는 거야. 깔보지 마라.

> **어휘·문형 476**
> **N1**
>
> # －同士
>
> －끼리, －사이

[의미 용법]

동일 부류, 종류에 속하는 사람이나 물건을 칭하는 말이다.

[예 문]

❶ 私たちは一つのチームだ。仲間同士で支え合い、助け合おう。
　우리는 한 팀이다. 동료끼리 서로 의지하고, 서로 돕자.

❷ 恋人同士みたいだったって。
　연인 사이 같았대.

단어 리스트

何 무엇　言う 말하다　俺たち 우리　誰 누구, 어떤 사람　思う 생각하다　－同士 －끼리, －사이
私たち 우리　一つ 하나　仲間 동료, 같은 편, 친구　支え合う 서로 의지하다　助け合う 서로 돕다　恋人 연인

어휘・문형 477 — 社交辞令 (N2)
겉치레 인사, 빈말

의미 용법
겉만 보기 좋게 꾸며낸 겉치레 인사, 빈말을 의미한다.

예문

❶ ビジネスマンは社交辞令がうまい。
비즈니스맨은 겉치레 인사를 잘한다.

❷ 「また連絡するね」って、よくある社交辞令だよね。
'또 연락할게'하는 거 흔히 하는 빈말이지, 그렇지?

어휘・문형 478 — やり甲斐 (N1)
보람

의미 용법
어떤 일을 한 뒤에 오는 좋은 결과, 가치, 만족감을 말한다.

예문

❶ これはやり甲斐のある仕事だ。
이것은 보람이 있는 일이다.

❷ 年収よりもやり甲斐の方が大事だと思うよ。
연봉보다 보람이 더 중요하다고 생각해.

단어 리스트

社交辞令(しゃこうじれい) 겉치레 인사, 빈말 ｜ 連絡(れんらく) 연락 ‖ やり甲斐(がい) 보람 ｜ 仕事(しごと) 일 ｜ 年収(ねんしゅう) 연봉 ｜ 方(ほう) 쪽, 편 ｜ 大事(だいじ)だ 중요하다 ｜ 思(おも)う 생각하다

어휘·문형 479 **N1** 口をきく
말하다, 말을 걸다

의미 용법

'말하다, 말을 걸다'를 뜻하며, 보통 부정을 나타내는 〈ない〉와 많이 쓰인다.

예문

① どうすればいいの？夫が口をきいてくれないんだ。
어떻게 해야 하지? 남편이 말을 안 해.

② 妻が口をきいてくれない。なんで怒っているのだろう？
아내가 말을 걸지 않는다. 왜 화가 난 거지?

어휘·문형 480 **N2** 相性がいい
서로 잘 맞다, 궁합이 좋다

의미 용법

사람이나 사물이 서로 어울리는 상태가 좋음을 뜻한다.

예문

① 俺、あいつとは相性がいい。
나 쟤하고는 서로 잘 맞아.

② 相性のいい人と出会いたいのですが、なかなか見つかりません。
궁합이 좋은 사람과 만나고 싶지만, 좀처럼 찾을 수가 없습니다.

단어 리스트

口をきく 말하다, 말을 걸다 夫 남편 妻 아내 怒る 화내다 ∥ 相性がいい 서로 잘 맞다, 궁합이 좋다 俺 나 人 사람 出会う (우연히) 만나다 見つかる 발견되다, 찾아지다

어휘·문형 481 — 控えめ
N2 조심함, 소극적임, (양, 정도가) 적음

의미 용법
말이나 행동을 조심스럽게 하는 태도, 또는 양이나 정도 등을 조절한 상태를 나타내는 말이다.

예문

① 控えめな性格ですが、言うべきことははっきり言うタイプです。
조심스러운 성격이지만, 해야 할 말은 확실히 하는 타입입니다.

② 朝食はしっかり食べて、夕食は控えめに食べるようにしてください。
아침 식사는 든든히 먹고, 저녁 식사는 가볍게 먹도록 하세요.

어휘·문형 482 — 今更
N2 이제 와서, 지금 와서, 새삼

의미 용법
어떤 행동이나 말이 늦었음을 표현한다.

예문

① 今更後悔してもどうしようもない。
이제 와서 후회해도 어쩔 수 없다.

② 彼女の歌のうまさについては、今更言うまでもない。
그녀의 노래 실력에 대해서는 새삼 말할 필요도 없다.

단어 리스트

控え目(ひかえめ) 소심함, 소극적임, (양, 정도가) 적음 | 性格(せいかく) 성격 | 言う(いう) 말하다 | 朝食(ちょうしょく) 아침 식사 | 食べる(たべる) 먹다 | 夕食(ゆうしょく) 저녁 식사 | 今更(いまさら) 이제 와서, 지금 와서, 새삼 | 後悔(こうかい) 후회 | 彼女(かのじょ) 그녀 | 歌(うた) 노래

어휘・문형 483 　縛る
N3　　　　　　　　　　　　　　　　　　　　　　　　　얽매다, 묶다

의미 용법

얽어서 동여 묶는 행위를 가리킨다.

예　문

① ルールに縛られるの、嫌いだ。
　규칙에 얽매이는 거, 싫어.

② ロープを水で濡らしてから縛っておくと、ほどけにくくなります。
　밧줄을 물로 적신 후 묶어두면, 잘 풀리지 않게 됩니다.

어휘・문형 484 　甘く見る
N2　　　　　　　　　　　　　　　　　　　　　　　　　얕보다, 만만하게 보다

의미 용법

낮추어서 하찮게 보는 것을 말한다.

예　문

① 彼を甘く見ないほうがいい。意外と頭がいいよ。
　그를 얕보지 않는 게 좋아. 의외로 똑똑해.

② 世の中、甘く見るんじゃないよ。
　세상을 만만하게 보는 게 아니야.

단어 리스트

縛る 얽매다, 묶다　　嫌いだ 싫다　　水 물　　濡らす 적시다 ‖ 甘く見る 얕보다, 만만하게 보다
彼 그　　以外と 의외로　　頭 머리　　世の中 세상

어휘·문형 485 — 生意気 (N2)

건방짐, 버릇없음

의미 용법
건방짐, 버릇없음을 뜻한다.

예문

① 彼は生意気だけど、どこか憎めないところがあるんだ。
그는 건방지지만, 어딘가 미워할 수 없는 데가 있다.

② 生意気言うんじゃないよ。
건방 떨지 마라.

어휘·문형 486 — 泣き言 (N2)

우는 소리, 불평

의미 용법
우는 소리, 불평, 불만, 투덜거림 등을 말한다.

예문

① 負け犬の泣き言は聞きたくない。
패배자 우는 소리는 듣고 싶지 않다.

② 泣き言一つ言わずに、最後までよく頑張った。
불평 한마디 없이 끝까지 열심히 했다.

단어 리스트

生意気(なまいき) 건방짐, 버릇없음　彼(かれ) 그　憎(にく)めない 미워할 수 없는　言(い)う 말하다 ‖ 泣(な)き言(ごと) 우는 소리, 불평　負(ま)け犬(いぬ) 패배자　聞(き)く 듣다　一(ひと)つ言(い)わずに 한마디 없이　最後(さいご) 최후, 끝　頑張(がんば)る 분발하다, 노력하다

> 어휘·문형 **487**
> **N2**
>
> # 裏がある
>
> 숨은 뜻, 속셈이 있다

의미 용법

겉보기와 달리 숨겨진 뜻, 의도, 속셈, 계획이 있음을 나타내는 말이다.

예문

① 京都の人の言葉には裏があるって聞いたけど、本当？
교토 사람들의 말에는 숨은 뜻이 있다고 들었는데, 진짜야?

② うまい話には裏がある。
달콤한 얘기에는 속셈이 있다.

> 어휘·문형 **488**
> **N1**
>
> # ムキになる
>
> 열(을) 내다, 화(를) 내다

의미 용법

정색하고 대드는 행위를 이른다.

예문

① AIにあまりムキにならないでくださいね。AIには感情がないんだから。
AI에게 너무 열 내지 마세요. AI는 감정이 없으니까요.

② それぐらいの冗談にムキになるなんて、心が狭いね。
그 정도 농담에 화를 내다니, 지질하네.

단어 리스트

裏がある 숨은 뜻, 속셈이 있다   京都 교토   人 사람   言葉 말   聞く 듣다   本当 정말   話 얘기
感情 감정   冗談 농담   心が狭い 마음이 좁다, 찌질하다

어휘·문형 489 — 茶化す **N1**
얼렁뚱땅 넘기다

의미 용법

진지하지 않게 농담 식으로 얼렁뚱땅 넘기는 것을 말한다.

예 문

① 彼氏が何でも茶化してきて、腹が立ちます。
  남자 친구가 뭐든지 얼렁뚱땅 넘기려 들어서 화가 납니다.

② 茶化さずに、聞いてよ。あんたのために言っているんだから。
  얼렁뚱땅 넘기지 말고 들어. 널 위해서 하는 말이니까.

어휘·문형 490 — ちょっかいを出す **N1**
장난치며 건들다, 집적거리다

의미 용법

말이나 행동으로 자꾸 남을 건드려서 성가시게 하는 모습을 나타낸다.

예 문

① お兄ちゃん、ちょっかい出しすぎだよ。
  오빠, 장난이 너무 심하다니까.

② おい、貴様。俺の彼女にちょっかい出すなよ。
  이봐 거기. 내 여자 친구한테 집적거리지 마라.

단어 리스트

茶化す 얼렁뚱땅 넘기다　彼氏 남자 친구　何でも 뭐든지　腹が立つ 화가 나다　聞く 듣다
言う 말하다 ‖ ちょっかいを出す 장난치며 건들다, 집적거리다　お兄ちゃん 오빠　貴様 너, 거기　俺の彼女 내 여자 친구

어휘·문형 491 — モテモテ **N2**
인기가 많음, 인기남 인기녀

의미 용법

인기가 아주 많은 상태를 강조하는 말이다.

예문

① モテモテだからって、調子に乗るなよ。
　인기가 많다고 해서 우쭐대지 마라.

② 今はこんなんだけど、昔はモテモテだったよ。
　지금은 이런 상태지만, 옛날에는 엄청나게 인기가 많았어.

어휘·문형 492 — ほったらかしにする **N2**
팽개쳐 두다, 방치하다

의미 용법

'팽개쳐 두다, 방치하다'를 뜻한다.

예문

① 仕事をほったらかしにして、遊びに行った。
　일을 팽개쳐 두고 놀러 갔다.

② 使ったものは、ほったらかしにせず片付けてください。
　사용한 물건은 방치하지 말고 치워주세요.

단어 리스트

調子に乗る 우쭐하다　今 지금　昔 옛날 ‖ 仕事 일　遊ぶ 놀다　行く 가다　使う 사용하다
片付ける 치우다, 정리하다

어휘·문형 493
N1

コケにする

바보 취급하다

의미 용법

상대를 얕잡아 보며 바보 취급하는 태도를 이르는 말이다.

예 문

① 人をコケにするなんて最低だよ。
   사람을 바보 취급하다니, 정말 최악이다.

② さんざん人のことをコケにしといて、今さら何言ってるの？
   실컷 사람을 바보 취급하더니, 지금 와서 무슨 소리 하는 거야?

어휘·문형 494
N1

喝上げ

돈 갈취, 돈 뜯기

의미 용법

공갈치고 협박하여 돈을 뜯는 것을 일컫는 말이다.

예 문

① 学校帰りに不良に喝上げされた。
   학교에서 집에 가는 길에 불량배에게 돈을 갈취당했다.

② それ、結局喝上げじゃない。ったく、チンピラじゃあるまいし。
   그거 결국 돈 뜯기잖아. 진짜, 양아치도 아니고.

단어 리스트

人 사람　最低 최저, 최악　今さら 지금 와서　何 무엇　言う 말하다　喝上げ 돈 갈취, 돈 뜯기　学校帰り 학교에서 집에 가는 길　不良 불량배　結局 결국

> 어휘·문형 **495**
> N2
> # 企む
> (좋지 않은 일을) 꾸미다, 도모하다

의미 용법

남에게 드러내 보이지 않고, 속으로만 어떤 일을 꾸미는 모습을 나타낸다. 주로 나쁜 목적으로 비밀스러운 계획을 세울 때 사용한다.

예문

① こんなこと企んでいたのか？ お前らしくないな。
   이런 걸 꾸미고 있었던 거냐? 너답지 않네.

② お前、何企んでいるんだよ？ 早く言えよ。何企んでいるんだよ？
   너 무슨 일을 꾸미고 있는 거니? 빨리 말해. 무슨 수작이야?

> 어휘·문형 **496**
> N1
> # しでかす
> 사고 치다, 저지르다

의미 용법

사고, 실수, 범죄 등을 저지르는 행동을 나타낸다. 문제 있는 행동을 저질렀을 때 사용하는 것이 보통이다.

예문

① あんたがしでかした事なんだから、責任とってよ。
   당신이 사고 친 일이니까, 책임져.

② 昨日、泥酔して記憶がない。俺、一体何をしでかしたんだ。
   어제 만취해서 기억이 안 나. 나 도대체 무슨 짓을 저지른 거지.

단어 리스트

企む 꾸미다, 도모하다 ・ お前 너 ・ 何 무엇 ・ 早く 빨리 ・ 言う 말하다 ∥ 事 일 ・ 責任 책임
昨日 어제 ・ 泥酔 만취 ・ 記憶 기억 ・ 俺 나 ・ 一体 도대체

어휘·문형 497 　モノマネ
N2 　성대모사, 흉내, 따라 하기

의미 용법

남이 하는 말이나 행동을 그대로 옮기는 것을 말한다.

예문

① そのモノマネ、彼氏の前でもやってみてよ。絶対うけると思うよ。
　그 성대모사, 남자 친구 앞에서도 해봐. 분명 웃길 거야.

② モノマネめっちゃうまいね。ゴリラもいける？
　흉내 진짜 잘 내네. 고릴라도 가능해?

어휘·문형 498 　せこい
N1 　쪼잔하다, 쩨쩨하다

의미 용법

사람이 생각이 좁거나, 돈 씀씀이가 인색한 모양을 나타낸다.

예문

① おまえ、こんな反則ギリギリで勝つなんて、せこすぎるよ。
　너 이런 반칙에 가까운 수법으로 이기다니, 너무 쪼잔하다.

② 初デートで映画も食事もお茶も割り勘なんて、ちょっとせこくない？
　첫 데이트부터 영화도, 식사도, 차도 다 나눠 내다니, 좀 쩨쩨하지 않니?

단어 리스트

彼氏 남자 친구　前 앞　絶対 분명, 꼭, 절대　思う 생각하다 ‖ 反則ギリギリ 반칙에 가까움　勝つ 이기다　初デート 첫 데이트　映画 영화　食事 식사　お茶 차　割り勘 나누어 냄, 더치페이

어휘・문형 499 · N2 — 空気を読む
눈치 보다, 분위기 파악하다

의미 용법

말로 하지 않아도, 분위기나 상대의 감정을 파악하여 맞추는 행위를 일컫는 말이다.

예문

① 空気読みすぎて疲れた。一休みしよう。
너무 눈치 봐서 피곤하다. 잠깐 쉬자.

② あんた、本当ににぶいね。この空気読めないの？
너 참 둔하구나. 이 분위기 파악이 안 되니?

어휘・문형 500 · N1 — 絡む
엮이다, 얽히다, 시비 걸다, 트집 잡다

의미 용법

이리저리 엮이어 관련되는 상태를 나타내기도 하고, 뭔가를 엮어 관련지어 트집을 잡는 행위를 나타내기도 한다.

예문

① あいつと絡むと、なんもいいことないよ。
쟤하고 엮이면, 좋은 일 하나도 없어.

② あの先輩、また絡んできたよ。マジでうざい。
저 선배, 또 시비 걸어왔어. 진짜 짜증 나.

단어 리스트

空気を読む 눈치 보다, 분위기 파악하다　　疲れる 피곤하다　　一休みする 잠시 쉬다　　本当 정말, 참　∥　絡む 엮이다, 얽히다, 시비 걸다, 트집 잡다　　先輩 선배

저자약력

이동욱
한양여자대학교 실무일본어과 교수
히로시마대학 박사

노은미
대진대학교 교양학부 교수
나고야대학 박사

JLPT 일본어능력시험
중상급 일본어 어휘·문형 500선

초판 1쇄 인쇄 2025년 11월 26일
초판 1쇄 발행 2025년 12월 05일

저　　자 이동욱·노은미
발 행 인 윤석현
발 행 처 제이앤씨
책임편집 최인노
등록번호 제7-220호

우편주소 서울시 도봉구 우이천로 353
대표전화 02) 992 / 3253
전　　송 02) 991 / 1285
전자우편 jncbook@hanmail.net

ⓒ 이동욱·노은미 2025 Printed in KOREA.

ISBN 979-11-5917-262-5　　13730　　　　　　　　　정가 22,000원

* 이 책의 내용을 사전 허가 없이 전재하거나 복제할 경우 법적인 제재를 받게 됨을 알려드립니다.
** 잘못된 책은 구입하신 서점이나 본사에서 교환해 드립니다.